U0111375

大展好書　好書大展
品嘗好書　冠群可期

武術特輯
54

陳式太極拳
五功八法十三勢

闞桂香　門敢紅　著

大展出版社有限公司

目　錄

上篇　陳式太極拳健身功法

下篇　陳式太極拳五功八法十三勢

陳式太極拳健身功法

第 **1** 章

健身功法概述

　　陳式太極拳健身功法，是我多年教學、訓練的總結，也是透過教學、訓練不斷篩選、提煉的結晶。學員們透過該功法練習，可調節身體虛實，平衡陰陽，不斷改善體內臟腑機能，從而強身健體。

　　練習中要求深長細勻的自然呼吸，可補丹田之氣，同時結合動作纏繞變換，身體左右轉換，可疏通經絡，促進氣血運行，促進新陳代謝，增強抵抗力。由動作的纏、繞、滾球，身體的左右轉動，同時使身體各關節、各部位都或明、或暗、或大、或小地伴隨著活動，久練可調節各關節、肌肉內營養物質，增加活動能力，延緩肌肉鬆弛。

　　練習時，要求大腦鬆靜，可迅速解除腦力勞動的疲勞，同時促進大腦平衡，提升智力。

　　功法主要突出了陳式太極拳螺旋纏繞的運動特點，練習時要求纏繞運動以丹田內轉為動力，使周身肢體做「抽提」「回轉」交融動作，加之意氣潛轉由內到外，使周身肢體或明或暗、或大或小做圓弧運動，使身體的肌肉、關節、五臟六腑得到鍛鍊，調理、提升各器官機能。

　　為科學地開展太極拳運動，使其成為人們終身自我健身

運動，進一步揭示太極拳促進身體健康的生理機制，由我們選題，聯絡北京體育大學生理教研室有關老師、中國科學院武術協會及北京西苑中醫研究院有關專家、科研人員組成課題組，以中科院 50～60 歲的科研工作者 63 人為受試對象，以陳式太極拳「基本功」「基本技法」作為「健身功法」，歷經 5 個月的科學試驗，最後將各項測試指標進行量化分析，得出從事陳式太極拳「健身功法」鍛鍊，能改善中老年人身心健康水準的結論。

1. 經過 5 個月陳式太極拳「健身功法」鍛鍊後，血脂異常人數從練功前 40 人次減少到 3 人次。

試驗結果表明，從事「健身功法」鍛鍊能使中老年受試者血清 TC，LDL—C 水平顯著下降，血脂指標異常人次明顯下降，血清非酶抗氧化力顯著提高，對改善中老年人的血脂代謝、提高機體抗氧化能力、延緩衰老有著積極的防治作用。

2. 藉由 5 個月的「健身功法」練習，對受試者的心肺功能及免疫功能有著良好的改善作用，使受試者在安靜狀態、定量運動負荷時及恢復期的心率極顯著地下降，心容量增加，心臟泵血功能增強；肺活量、最大肺通氣量顯著增加；IgG、IgA 含量增加。

3. 「健身功法」鍛鍊研究顯示，長期堅持太極拳鍛鍊，能夠促使左右腦功能的協調與平衡，不僅能夠使那些長期使用左腦的人緩解其過度的心理負荷，而且也有望使太極拳鍛鍊成為開發右腦發展形象思維的重要途徑。

「健身功法」易於學練，能使初學者較快地達到平衡左右腦功能的作用。這一結果提示，面對中老年人以健身為目

的的太極拳鍛鍊，應盡量削減冗長的形體動作，以使初學者儘快熟練掌握習拳要領。

4.由「健身功法」的鍛鍊，正確把握其運動規律，可以有效地改善人體末端微循環狀態（指端溫度），提高人體對於外界氣候變化的適應能力。

在練習中，特有的意念活動，能明顯改變人體不同部位微循環狀態，因此，必須正確應用和把握太極拳運動中的意念效應。

5.由「健身功法」鍛鍊 5 個月後，男女血清鹼性磷酸酶活性與訓練前相比均出現顯著下降，並且血清骨鈣素含量與訓練前相比均出現顯著的下降；對於改善骨代謝，防治骨質疏鬆症有積極的預防作用。

第 2 章

陳式太極拳健身功法圖解

一、無極樁

【動作】：兩腳併攏，身體自然直立，肩臂鬆垂，兩手輕貼兩腿外側，頭頸正直，眼平視前方（圖2-1）。

【要點】：虛領頂勁，胸背舒展，斂臀收腹，呼吸自然。時間可長可短，以5～10分鐘為宜。

【動意】：練功時先用意調整身體姿勢，然後內視丹田處，使大腦意識處於混沌的狀態，融自然界於一體。

圖2-1

圖 2-2 圖 2-3

二、搗碓椿（太極椿）

預備式：同「無極椿」（圖2-2）。

【動作】：

1. 兩腳開立

身體重心緩緩移至右腿，左腿屈膝，腳跟、腳尖依次提起，並向左跨步，兩腳平行開立，兩腳間距離同肩寬，身體自然直立，兩臂鬆垂，兩手貼於大腿兩側，目平視前方（圖2-3）。

2. 提膝舉拳

身體重心緩緩移至左腿並屈蹲，左臂微屈，左手屈腕外

圖 2-4　　　　　　　　　　　圖 2-5

旋，手心翻向上，置於腹前；右腿屈膝提起，膝同腹高，腳
尖上翹；右臂屈肘，右手握拳外旋舉至胸前約 10 公分處，
拳心向內。上體正直，目視右拳（圖 2-4）。

3. 踏腳砸拳

右腳下落，輕輕踏地，右腿屈蹲，兩腳距離同肩寬，重
心移至兩腳之間；右拳砸落於左掌心，拳心向上稍斜向裡，
目視前下方（圖 2-5）。

【要點】：

虛領頂勁，含胸拔背，兩腿屈蹲，斂臀坐胯，膝腳相
對，身體中正，不偏不倚，心靜體鬆，呼吸自然。初練時，
一次可靜站 3～5 分鐘，久練逐漸增加時間。

【動意】：此動兩臂環抱體前，如同懷抱日月。意念是
引氣下沉，意注丹田，使頭部、軀幹的氣血下行，有微微沐

圖 2-6   圖 2-7

浴之感。周身放鬆，對身體表裡、上下平衡，起重要的調節
作用，對疏通人體小周天有促進功效。

三、纏繞樁

預備式：同「太極樁」（圖 2-6）。
【動作】：

1. 左繞托拳（升勢）

身體微左轉，重心移向左腿；左掌托右拳向左、向上繞
至腹左前上方約 10 公分處，眼隨手視（圖 2-7）。

2. 右繞托拳（升勢）

身體微右轉，重心移向右腿；左掌托右拳由腹左前上方

圖 2-8   圖 2-9

繼續向上、向右繞至腹右前上方約 10 公分處，目隨手視
（圖 2-8）。

3.下繞托拳（降勢）

身體微左轉，重心移於兩腿之間，左掌托右拳繼續向
右、向下、向左弧形繞至小腹前，還原成「太極樁」勢，目
視前下方（圖 2-9）。

按以上 1～3 分動，向左繞環練習 4～8 次，然後再向右
繞環練習 4~8 次。

【要點】：

兩腿屈蹲，身體重心左右移動；兩手腹前環繞成圓，動
作柔緩連貫，呼吸與動作要配合協調，升吸降呼。

【動意】：此功是以外引內，調動丹田內轉，使內氣充
實、潛轉，對內臟器官起到蠕動、按摩的作用。

圖 2-10   圖 2-11

四、開合樁

預備式：同「太極樁」（圖 2-10）。

【動作】：

1. 轉身托拳

身體重心移至左腿，上體左轉；左掌托右拳向左、向上畫弧至左胸前，目隨視右拳（圖 2-11）。

2. 轉身翻掌

重心移向右腿，上體右轉；右拳變掌，兩前臂內旋，兩掌外翻，掌心向外，兩腕相搭於胸前，右腕在裡，目視左手（圖 2-12）。

圖 2-12

圖 2-13

3. 轉身分掌

重心繼續右移再移向左腿，上體右轉再左轉；右掌向上、向右、向下繞至右胯旁，掌心向下，指尖向前；左掌向下、向左、向上繞至左額前上方，掌心向左前上方，指尖斜向上，目視右手方向（圖 2-13、14）。

圖 2-14

4. 轉身合手

重心移至兩腿之間，上體微右轉，胸正對前方；右掌向左繞至小腹前，掌心翻向上，指尖向左；左掌外旋變拳向右

圖 2-15

圖 2-16

經面部下落至右掌上，拳心
向上稍斜向裡，目視前下方
（圖 2-15）。

5.轉身托拳

動作同分動 1，惟方向
相反（圖 2-16）。

6.轉身翻掌

動作同分動 2，惟方向
相反（圖 2-17）。

圖 2-17

7.轉身分掌

動作同分動 3，惟方向相反（圖 2-18、19）。

圖 2-18

圖 2-19

8.轉身合手

動作同分動 4，惟方向相反（圖 2-20）。

【要點】：

1.此動作的做法是左右回轉的身法；兩臂先內旋，再外旋（即先雙逆纏，再雙順纏）。兩手在體前左右纏繞做開合運動，在空間畫太極圓圖。

圖 2-20

2.身體右轉時，重心移向右腿；身體左轉時，重心移向左腿，左右不斷變換虛實。

【動意】：古人以丹田為氣海，練此功內勁發於丹田

圖 2-21　　　　　　　　　圖 2-22

（腹部），要用意將丹田勁上升分達兩肩，纏繞運轉至臂、
肘、腕、掌，透達於兩手尖；丹田勁向下運行，經胯分達兩
腿，纏繞運轉於胯、膝、足，透達兩足尖。兩手臂纏繞開
時，內勁上下行達四梢；兩手相合時，內勁歸於丹田。

五、滾球椿

預備式：同「太極椿」（圖 2-21）。

【動作】：

1.轉身托拳

　　身體重心移向左腿，上體微左轉；左掌托右拳向左、向
上畫弧至左胸前，目隨視右拳（圖 2-22）。

圖 2-23　　　　　　　　圖 2-24

2. 轉身翻掌

重心向右移，上體微右轉；右拳變掌，兩前臂內旋，兩掌外翻，掌心均向外，兩腕相搭於胸前，右腕在裡，目視左手（圖 2-23）。

3. 右轉抱球

重心再移至左腿，上體繼續微右轉；左掌邊向前、向下落邊外旋，掌心翻向上至腹前，掌指向右。右掌內旋，掌指向左，兩掌心相對如抱球狀，目視右掌（圖 2-24）。

4. 左轉抱球

重心移向右腿，上體左轉；右掌向前、向下弧形邊落邊外旋，掌心翻向上至腹前，掌指向左。左掌向後沿腹部向上

圖 2-25　　　　　圖 2-26　　　　　圖 2-27

畫弧內旋提至胸前，掌心翻向下與右掌心相對，如抱球狀，
目視左掌（圖 2-25）。

5. 右轉抱球

重心移向左腿，上體右轉；左掌向前、向下弧形邊落邊
外旋，掌心翻向上至腹前，掌指向右。右掌向後沿腹部向上
畫弧內旋提至胸前，掌心翻向下，與左掌心相對如抱球狀，
目視右掌（圖 2-26）。

6. 左轉抱球

重心移向右腿，上體左轉；右掌向前、向下弧形邊落邊
外旋，掌心翻向上至腹前，掌指向左。左掌向後沿腹部向上
畫弧內旋提至胸前，掌心翻向下與右掌心相對，如抱球狀，
目視左掌（圖 2-27）。

圖 2-28　　　　　圖 2-29　　　　　圖 2-30

7. 轉身合手

重心稍左移至兩腳之間，上體微右轉，面向正前方，左拳變拳落於右掌上，成「太極椿」勢（圖 2-28）。

以上 1～7 分動為滾球椿左勢。

8. 轉身托拳

身體重心移向右腿，上體微右轉；右掌托左拳向右、向上畫弧至右胸前，目隨視左拳（圖 2-29）。

9. 轉身翻掌

重心左移，上體微左轉；左拳變掌，兩前臂內旋，兩掌外翻，掌心均向外，兩腕相搭於胸前，左腕在裡，目視右掌（圖 2-30）。

圖 2-31　　　　　圖 2-32　　　　　圖 2-33

10. 左轉抱球

動作同分動3，惟方向相反（圖2-31）。

11. 右轉抱球

動作同分動4，惟方向相反（圖2-32）。

12. 左轉抱球

動作同分動5，惟方向相反（圖2-33）。

13. 右轉抱球

動作同分動6，惟方向相反（圖2-34）。

| 圖 2-34 | 圖 2-35 | 圖 2-36 |

14. 轉身合手

動作同分動 7，惟方向相反（圖 2-35）。

以上 8～14 分動，為滾球椿右勢。

收 式

1. 落掌開立

圖 2-37

左掌托右拳提至胸前，右拳變掌，兩掌同時內旋，掌心翻向外；然後隨兩腿緩緩伸起，兩掌分別向左右慢慢落至兩大腿外側成開步直立，目視前方（圖 2-36、37、38）。

圖 2-38　　　　　　　　　圖 2-39

2. 收腳併立

身體重心移向右腿，左腿屈膝，腳跟、腳尖依次提起向右腳靠攏併立，目視前方（圖 2-39）。

【要點】：

1. 兩腿保持微蹲；但在重心移動過程中，重心偏於一腿時，其膝隨動作成屈蹲，另一腿微伸，這樣左右變換虛實。

2. 上體在左轉、右轉過程中，要保持正直。

【動意】：身法的「抽提」和「回轉」應融為一體，以外引內，以丹田為源，再由內及外的纏繞，使周身產生或明或暗的立體圓運動，調動丹田內轉，內氣騰然、潛轉，是陳式太極拳纏繞運動及蓄發勁的源頭。對內臟按摩和調動兩腎功能，起促進作用；對疏通及增強消化、呼吸、血液循環機能有良好之功效。

第 3 章

陳式太極拳健身技法圖解

一、外旋

二、內旋

預備式

1. 併腳直立（胸朝南）

兩腳併攏站立。目視前方（圖3-1）。

2. 開步站立

身體重心慢慢移到右腿，左腿屈膝，左腳腳跟、腳尖依次離地慢慢提起向左開步，腳尖、腳跟依次著地，全腳踏實。兩腳相距同肩寬，重心移於兩腳之間，目前平視（圖

圖3-1

圖 3-2

圖 3-3

3-2）。

【要點】：

頭要正直，頂虛領起，下頦微收，口輕閉，舌微抵上腭，兩肩放鬆下沉，身體放鬆，上體端正，兩腿自然開立。呼吸自然，意存丹田。

【動作】：

1. 屈臂提手

兩臂屈肘上提，兩手收於腰間，掌心均向下，兩掌拇指側輕貼腰部，掌指斜相對，目前平視（圖 3-3）。

2. 左臂外旋

上體微右轉，左臂外旋向左前方伸出，肘尖下垂，臂微屈，左掌同胸高，小指側翻向上，指尖朝左前，目視左掌

圖 3-4　　　　　　　　圖 3-5

（圖3-4）。此為左臂外旋練習。

【要點】：

　　左臂外旋要以身帶臂，左臂應隨腰部右轉緩慢向左前方旋轉伸出。外旋伸臂時手節領先，肘節相隨，肩要鬆沉催勁。左掌小指側向內裏勁上翻，目隨手視。

3. 左臂內旋

　　上體微左轉（胸朝南），左臂內旋回收，左掌收於左腰側，掌心向下，拇指側輕貼腹部，掌指斜朝前，目隨手視（圖3-5）。此為左臂內旋練習。

【要點】：

　　左臂內旋要以身帶臂，左臂要隨上體左轉緩緩內旋回收，回收時要鬆肩屈肘，以肘帶手，拇指側向內裏勁下翻，目隨手視但勿低頭。

圖 3-6　　　　　　　　圖 3-7

4. 右臂外旋

同分動 1，惟左右相反（圖 3-6）。

5. 右臂內旋

同分動 2，惟左右相反（圖 3-7）。

6. 左臂外旋

上體微右轉，左前臂外旋向左前方伸出，肘尖下垂，臂微屈，左掌同胸高，小指側翻向上，指尖朝左前，目視左掌（圖 3-8）。

7. 臂內外旋

上體微左轉，左前臂內旋回收，左掌收於左腰側，掌心

圖 3-8　　　　　　　　　圖 3-9

向下，拇指側輕貼左腰部，掌指尖朝前。左臂內旋回收時，右臂外旋，向右前方伸出，肘尖下垂，臂微屈，右掌同胸高，小指側翻向上，指尖朝前，目視右掌（圖 3-9）。

　　【練習步驟】：以上左臂外旋、內旋及右臂外旋、內旋的練習方法，在教學或練習時可採取三個步驟：

　　①一臂單獨反覆作外旋、內旋練習，如動作 1、2；

　　②左右兩臂交替外旋、內旋的重複練習，如動作 1、2、3、4；

　　③一臂外旋伸出，另一臂內旋回收，兩者交替反覆練習，如動作 5、6。

圖 3-10

圖 3-11

收 式

1.轉體收掌

上體微右轉（胸朝南），右前臂內旋回收，右掌收於右腰側，掌心向下，拇指側輕貼右腰部，掌指尖朝斜前，目隨手視（圖3-10）。

2.落手開立

兩臂慢慢伸直下垂，兩手下落輕貼於兩腿外側，兩腿自然開立，目前平視（圖3-11）。

圖 3-12   圖 3-13

三、橫　掌

預備式

　　兩腳開立，兩臂外旋屈肘上提，兩手小指側輕貼腹部，手指尖相對約 5 公分，掌心均朝上，目前平視（圖 3-12）。

　　【動作】：

1. 轉體穿掌

　　上體右轉（胸朝西南），隨身體的轉動，左臂外旋，左掌經腹前向右（西）穿出，臂微屈，左掌同胸高，左掌心斜向上，目視左掌（圖 3-13）。

圖 3-14

圖 3-15

2. 旋臂翻掌

左臂內旋，左掌心翻向下，目視左掌（圖 3-14）。

3. 轉體拉掌

上體左轉（胸朝南）；左掌向上、向左經面前畫弧拉橫掌至身體左前方，同肩高，掌心斜向下，目視左掌（圖 3-15）。

圖 3-16

4. 旋臂立掌

左臂微外旋，坐腕成立掌，腕同肩高，手心朝左前方，目視左掌（圖 3-16）。

圖 3-17

圖 3-18

5. 左臂回收

左臂外旋回收，左掌心翻向上，小指側輕貼腹部，掌指斜朝前，目隨視左掌（圖 3-17）。

6. 轉體穿掌

同1，惟左右相反（圖 3-18）。

7. 旋臂翻掌

同2，惟左右相反（圖 3-19）。

圖 3-19

圖 3-20

圖 3-21

8. 轉體拉掌

同 3，惟左右相反（圖 3-20）。

9. 旋臂立掌

同 4，惟左右相反（圖 3-21）。

10. 右臂回收

同 5，惟左右相反（圖 3-22）。

圖 3-22

圖 3-23   圖 3-24

收　式

1. 落手開立

兩臂內旋慢慢伸直下垂，兩手下落輕貼於大腿兩側。身體正直，兩腿自然開立，目前平視（圖 3-23）。

2. 併步站立

身體重心慢慢移至右腿，左腳提起向右腿併攏，成併腳自然站立。目前平視（圖 3-24）。

【要點】：

1. 動作 1～5 為左橫掌練習；6～10 為右橫掌練習。左右練習可交替反覆進行，一般按四八拍練習為宜。

2. 以身帶臂，上肢動作要圓活連貫。

3. 精神和勁力要貫徹始終，不要鬆懈，呼吸要自然。

圖 3-25　　　　　　　　　　圖 3-26

四、雲　手

預備式：兩腳開立

　　兩腳平行開立，相距同肩寬，上體正直，兩肩臂鬆垂，兩手輕貼大腿外側，頭頸正直，目視前方（圖 3-25）。

　　【動作】：

1. 兩臂前舉

　　兩臂慢慢舉起到胸高，與肩同寬。掌心朝下，指尖朝前。這時緩緩吸氣（圖 3-26）。

圖 3-27　　　　　　　　圖 3-28

2. 旋臂推掌

　　兩腿屈膝微蹲，身體微左轉，重心微左移；兩臂微屈，左臂內旋，右臂外旋，兩掌向左推出，左掌在上至左胸前，右掌在下至左肋高，兩掌相距約 20 公分，掌心均向左，指尖斜朝前，目視左掌。這時呼氣（圖 3-27）。

3. 右雲手

　　上體右轉，重心右移；右掌內旋，向上經面前向右畫弧至身體右前方，指尖同鼻高，臂微屈，掌心朝外。左掌外旋掌心朝右，向下經腹前向右畫弧至右手下方約 20 公分處，臂微屈，掌心向右，指尖朝前，目視右掌。此為右雲手定式，這時吸氣（圖 3-28）。

圖 3-29　　　　　圖 3-30　　　　　圖 3-31

4. 左雲手

上體微左轉，重心微左移，左掌內旋，向上經面前向左畫弧至身體左前方，指尖同鼻高，臂微屈，掌心朝外。右掌外旋掌心朝左，向下經腹前向左畫弧至左手下方約 20 公分處，臂微屈，掌心朝左，指尖向前，目視左掌。此為左雲手定式，這時呼氣（圖 3-29）。

可按 3、4 分動連續練習 4 次或 8 次。

5. 兩臂前舉

身體微右轉（胸朝南），右掌內旋向右、向上畫弧，左掌外旋，兩臂成胸前平舉。臂微屈同肩寬，掌心均朝下，指尖向前，目視前方，這時吸氣（圖 3-30）。

圖 3-32　　　　　圖 3-33　　　　　圖 3-34

6. 直立落掌

　　兩腿慢慢伸直，兩手緩緩下按至兩腿外側，成開步自然站立，目平視前方，這時呼氣（圖 3-31）。

7. 兩臂前舉

　　同分動 1（圖 3-32）。

8. 旋臂推掌

　　同分動 2，惟方向相反（圖 3-33）。

9. 左雲手

　　同 3，惟方向相反（3-34）。

圖 3-35

圖 3-36

圖 3-37

10. 右雲手

同 4，惟方向相反（圖 3-35）

可按 9、10 分動連續練習 4 次或 8 次。

11. 兩臂前舉

同分動 5（圖 3-36）。

12. 直立落掌

同分動 6（圖 3-37）。

13. 併腳直立

左腳提起，向右腳內側收步併攏，目平視前方（圖 3-38）。

圖 3-38　　　　　　　　　圖 3-39

【要點】：

1. 雲手動作先兩手臂內外旋轉，在體前作兩個交叉的橢圓。

2. 動作過程中要以身帶臂，手眼相隨，身、手、眼三者協調一致。

3. 動作與呼吸配合要自然。

五、提擦步（進步）

預備式：同無極樁（圖3-39）。

【動作】：

1. 屈蹲擺腳

①兩腳併攏自然站立（胸朝南），兩手背（外勞宮穴）

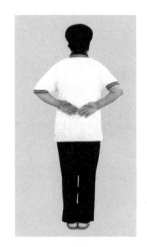

圖 3-40　　　　　　　圖 3-40 附圖

輕貼兩腰側（腎俞穴）。掌心朝後，手指自然展開，上體舒
鬆，收腹收臀；兩腿屈膝半蹲，目平視前方（圖 3-40、3-
40 附圖）。

②身體重心移向左腿，右腳尖外擺 45°，全腳掌踏實；
身體右轉 45°，胸朝右前方，目視右前下方（圖 3-41）。

2. 提膝擦步

①身體重心全部移至右腳並屈蹲，左腿屈膝提起，腳尖
上翹。右腿繼續屈蹲，左腳跟內側沿地面向左前方擦出，左
膝微屈，目視左腳（圖 3-42、43）。

②右腿蹬伸並微屈，使身體重心移向左腿，左腳尖內扣
下落踏實並屈膝成左偏馬步，上體自然直立，目視左前下方
（圖 3-44）。

　　註：以上①、②分動為左提擦步。

圖 3-41

圖 3-42

圖 3-43

圖 3-44

圖 3-45　　　　　　　　　圖 3-46

3. 擺腳提收

　　身體左轉，左腳尖外擺，身體重心全部移至左腿並屈膝支撐重心。右腳蹬地，右腿屈膝提起，右腳尖翹起，收於左踝關節內側，右腳掌距地面約 10 公分，上體鬆直，目視前下方（圖 3-45、46）。

4. 擦步扣腳

　　左腿繼續屈蹲，右腳以腳跟內側沿地面向右前方擦出，右膝微屈，緊接左腿蹬伸並微屈，使身體重心移向右腿，右腳尖內扣下落踏實並屈膝成右偏馬步，上體仍保持自然直立，目視右前下方（圖 3-47、48）。

圖 3-47

圖 3-48

5.收腳直立

　　身體重心全部移至右腿並伸起，左腿蹬伸並收至右腳內側併攏，身體直立；兩臂下落於身體兩側，掌指自然伸直朝下，目視前方（圖3-49）。

　　註：以上3、4分動爲右提擦步。

　　【要點】：

　　1.以上分動1、2、3、4為左、右提擦步，是行進間的步法練習，可左、右反覆練習。

　　2.練習過程中，要保持上體的舒鬆正直。

圖 3-49

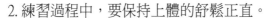

圖 3-50　　　　　　圖 3-51　　　　　　圖 3-52

3.呼吸與動作的配合是：身體降為呼，提步時為吸氣，擦步時為呼氣，呼吸與動作要配合自然。

六、弧形轉換步

預備式：同無極樁（圖 3-50）。

【動作】：

1.疊手撤步

①兩臂微屈，兩手重疊輕貼於小腹（下丹田），掌心均朝內（男右手在外，女左手在外），目視前方。兩腿屈膝微蹲，身體重心移至右腿，左腳提起向左後撤一步，左腳前掌微內扣先著地，上體仍保持舒鬆正直，目平視前方（圖 3-51、52）。

圖 3-53

圖 3-54

②後移退擦

　身體重心後移至左腿，左腳跟下落，全腳掌踏實，右腳全掌輕貼地面，向左、向後、向右收擦，經左腳內側時左腳微碾轉內扣，身體右轉；右腳繼續向右後擦步，兩膝屈蹲，重心偏於左腿或左偏馬步，上體仍保持舒鬆正直，胸向左前方，目視左前方（圖 3-53）。

③後移退擦

　身體重心後移至右腿，左腳全掌輕貼地面向右、向後、向左收擦，經右腳內側時右腳微碾轉內扣，身體左轉；左腳繼續向後擦步，兩膝屈蹲，重心偏於右腿成右偏馬步，上體仍保持舒鬆正直，胸向右前方，目視右前方（圖 3-54）。

④收腳直立

　左腳蹬伸，身體重心右移，右腳前掌向內碾扣，隨之身體左轉（胸向起式方向）。左腳後收與右腳併攏，兩腿自然

圖 3-55　　　　　圖 3-56　　　　　圖 3-57

伸直，兩手臂下落垂於身體兩側，目平視前方（圖 3-55）。

【要點】：

1. 分動 2、3 為陳式太極拳退步方法，重心左、右轉換，腳沿地弧形擦步。

2. 運動過程中，上體保持正直，氣沉丹田。

3. 左腳向後撤步時，腳尖要稍內扣。

4. 弧形擦步後撤時，前半弧為吸氣，後半弧為呼氣。

七、碾轉步

預備式：

兩腳併立，接著左腳向左開步，兩腳之間距離同肩寬，身體自然直立，兩臂自然垂於身體兩側，目平視前方（圖 3-56、57）。

【動作】：

1. 左碾右擺

　　上體舒鬆斂臀，兩膝微屈，身體重心下降並移向兩腳跟，隨即以兩腳跟為軸向左碾轉，兩腳尖隨兩腳跟的碾動向左擺約 45°，身體隨兩腳向左擰。兩手臂屈肘、屈腕向上、向右、向下擺，左掌於右胯前，掌心向下，右掌於右胯側，掌心向上，兩掌間距同肩寬，掌指均朝右，目視右手方向（圖 3-58）。

圖 3-58

2. 右碾左擺

　　兩膝保持微屈，身體重心移向兩腳前掌，隨之以兩腳前掌為軸向右碾轉，兩腳跟隨兩腳尖的碾動，向右擺約 45°，身體隨兩腳向右擰。兩手臂屈肘、屈腕向上、向左、向下擺，右掌於左胯前，掌心向下，左掌於左胯側，掌心向

圖 3-59

上，兩掌間距同肩寬，掌指均朝左，目視左手方向（圖 3-59）。

圖 3-60   圖 3-61

3. 左碾右擺

兩膝保持微屈，身體重心移至兩腳跟，隨之以兩腳跟為軸向左碾轉，兩腳尖隨兩腳跟的碾動向左擺約 45°，身體隨兩腳向左擰。兩手臂屈肘、屈腕向上、向右、向下擺，左掌於右胯前，掌心向下，右掌於右胯側，掌心向上，兩掌間距同肩寬，掌指均朝右，目視右手方向（圖 3-60）。

4. 右碾左擺

兩膝保持微屈，身體重心移向腳前掌，隨之以腳前掌為軸向右碾轉，兩腳跟隨兩腳尖的碾動向右擺約 45°，身體隨兩腳向右擰。兩手臂屈肘、屈腕向上、向左、向下擺，右掌於左胯前，掌心向下，左掌於左胯側，掌心向上，兩掌間距同肩寬，掌指均朝左，目視左手方向（圖 3-61）。

5.碾轉站立

兩膝保持微屈，身體重心移向兩腳跟，隨之以兩腳跟為軸微向左碾轉，兩腳尖隨兩腳跟的碾動向左微擺至腳尖向起式方向，兩腳平行同肩寬；兩腿伸起，上體舒鬆正直，兩臂垂於身體兩側成開步站立，目平視前方（圖 3-62）。

圖 3-62

【要點】：

1.各分動間要連貫，速度要緩慢均勻。

2.練習中可按分動 3、4 連續練習，在練習方向上，可向一個方向連續練習，也可向左練，折回來向右練，左右可反覆進行交替練習。

3.練習中上體要保持斂臂、正直。

4.動作一左一右與一呼一吸配合要自然、和諧。

八、磨擦步

預備式：同無極樁（圖 3-63）

【動作】：

1.開步屈臂

左腳向左開步站立，兩腳相距同肩寬，兩臂內旋屈肘，兩手合按於小腹前，手心朝下，指尖相對（指尖不要接

圖 3-63　　　　　　圖 3-64　　　　　　圖 3-65

觸），目視前下方（圖3-64）。

2. 前擦步穿掌

上體微右轉再左轉，左腳以全腳掌擦地面向右、向前、向左弧形上步，重心稍前移。左臂外旋，左掌向上、向右、向前、向左弧形穿出，小指側轉向上，指尖同肩高，右掌收於右胯側，手心朝下，目視左手（圖3-65）。

3. 前擦步穿掌

上體微左轉再右轉，右腳以全腳掌擦地面向左、向前、向右弧形上步，重心稍前移。右臂外旋，右掌向上、向左、向前、向右弧形穿出，小指側轉向上，指尖同肩高。左掌內旋向左、向下、向後、向右畫弧收於左胯側，手心朝下，目視右手（圖3-66）。

| 圖 3-66 | 圖 3-67 |

4. 前擦步穿掌

上體微左轉，左腳以全腳掌擦地向右、向前、向左弧形上步，重心稍前移。左臂外旋，左掌向上、向右、向前、向左弧形穿出，小指側轉向上，指尖同肩高。右掌內旋向右、向下、向後、向左畫弧收於右胯側，手心朝下，目視左手（圖 3-67）。

註：按 2、3 分動左右交替重複練習，為前進磨擦步。

5. 後擦步穿掌

上體微右轉再左轉，重心移向右腿並屈膝；右臂外旋向右、向上、向前、向左弧形擺至右肩前，手心朝上；左腳全腳掌擦地向右、向後，收經右腳內側再向左後方擦步；左臂內旋屈肘屈腕，左手經左肋側向後、向下伸臂穿出，手心朝

圖 3-68 圖 3-69

後上方，目視左下方（圖 3-68、69）。

6. 後擦步穿掌

上體微左轉再右轉，重心移向左腿並屈膝；左臂外旋向左、向上、向前、向右弧形擺至左肩前，手心朝上；右腳全腳掌擦地向左、向後，收經左腳內側再向後方擦步，右臂內旋屈肘屈腕，右手經右肋側向後、向下伸臂穿出，手心朝後上方，目視右下方（圖 3-70、71）。

圖 3-70

圖 3-71

圖 3-72

註：按5、6分動左右交替重複練習，爲後退磨擦步。

收　式

1. 收腳舉臂

右腳尖稍內扣，身體左轉，重心移向右腿，左腳收至右腳內側，相距同肩寬，兩膝屈蹲，重心移至兩腿之間；左臂內旋，右臂外旋，同時弧形向前合臂舉於胸前，相距同肩寬，手心朝下，手指向前，目平視前方（圖3-72）。

2. 併腳直立

兩腿慢慢伸起，自然直立成開立步；兩手臂徐徐下落，兩手輕貼兩大腿外側；左腳收至右腳內側，兩腳併攏，身體

圖 3-73　　　　　　　　　　圖 3-74

自然直立，目平視前方（圖 3-73、74）。

　【要點】：

　　1. 該動作在練習中，無論是前進後退，均應連貫、協調。

　　2. 動作練習過程中，全腳掌始終擦地而行。

陳式太極拳
五功八法十三勢

第 **4** 章

五功八法十三勢概述

　　太極拳有多種流派，內容風格各具特色，技術套路及動作難度也各有差異。陳式太極拳幾乎每一個動作都是以螺旋式、抽絲式運動為核心的由內及外的圓弧運動，往復纏繞，圓轉曲折，剛柔、快慢、開合、蓄發等節奏韻律變化尤為顯著。因而套路技術比較複雜，不易掌握，教學難點多，在群眾性的集體教學中，傳授好陳式太極拳就更為困難。

　　由幾十年的教學、訓練、科研工作實踐，將複雜的陳式太極拳的技術進行了解析、規範，系統地構建了陳式太極拳普及與提升的教學、訓練方式，即五功→八法→十三勢練習。由這種科學系統地教學、訓練，使學員很快地掌握正確的動作要領，提升技術水準。

第 **5** 章

陳式太極拳「基本功」
練習（五功）圖解

　　基本功是掌握提升該拳技術的基礎訓練，端正基本姿勢是提升專項素質、內外兼練的根本環節。拳諺說：「練拳不練功，到老一場空。」武術界常常把習武練「基本功」比做蓋樓房先打地基一樣重要。

　　本章內容同第二章陳式太極拳健身功法圖解，此處從略。

第 **6** 章

陳式太極拳「基本動作」
練習（八法）圖解

　　基本動作是從套路動作中提煉出來的最有風格特點的典型動作（不等於最簡單的動作）。這些典型動作是整個技術套路動作的核心，要經常反覆練習，動作左右對稱，才能突出該拳的風格特點，提升技術水準。

　　陳式基本動作八法應按二八呼練習，但為增加運動量或提升單個動作技術水準，亦可多次重複練習。

一、捲　肱

預備式

　　1.併腳直立　兩腳併攏，自然站立（圖6-1）。

　　2.開步站立　重心移於右腳，左腳向左橫開半步，重心移至兩腳之間成兩腳平行開立，目向前平視

圖 6-1

圖 6–2　　　　　圖 6–3　　　　　圖 6–4

（圖 6–2）。

【動作】：

1. 兩臂前舉

兩臂慢慢提起至與胸同高，與肩同寬。掌心朝下，指尖向前，目前平視。這時緩緩吸氣（圖 6–3）。

2. 屈膝橫掌

兩腿屈膝微蹲，上體微左轉；左手向下、向後畫弧至左胯旁，臂微屈，掌心朝下，掌指朝右前方。右掌向右前橫推，臂微屈同胸高，掌心朝前下方，指尖朝左前方，目視右掌。這時呼氣（圖 6–4）。

圖 6-5　　　　　　　　　　　圖 6-6

3. 旋臂翻掌

上體繼續左轉，左手繼續向後、向左前上方畫弧外旋，掌心翻向上，掌指朝左前方。右掌繼續向前上畫弧外旋，掌心翻向上至身體右前方，兩臂微屈兩腕同肩高，指尖斜向上，目視左掌。這時吸氣（圖 6-5）。

4. 轉體橫掌

上體右轉 90°；左臂屈肘，左掌內旋經左耳下向前橫推至身體左前方，臂微屈同胸高，掌心朝前下方，掌指朝右上方。右手內旋向下、向後畫弧至右胯旁，臂微屈，掌心向下，掌指向前，目視左掌。此為左捲肱定式，這時呼氣（圖6-6）。

圖 6-7　　　　　　　　　　　圖 6-8

5. 旋臂翻掌

　　上體繼續右轉，右手繼續向後、向右前上方畫弧外旋，掌心翻向上舉至身體右前方，臂微屈腕同肩高，掌指朝右前方，左掌繼續向前上方畫弧外旋，掌心翻向上，舉至身體左前方，臂微屈腕同肩高，指尖斜向上，目視右掌。這時吸氣（圖 6-7）。

6. 轉體橫掌

　　上體右轉 90°，同時右臂屈肘，右掌內旋，經右耳下向前橫推至身體右前方，臂微屈同胸高，掌心朝前下方，掌指朝左上方。左手內旋向下、向後畫弧至左胯旁，臂微屈，掌心向下，掌指朝右前方，目視右掌。此為右捲肱定式，這時呼氣（圖 6-8）。

圖 6-9　　　　　　圖 6-10　　　　　　圖 6-11

7. 兩臂前舉

　　上體微右轉（胸朝南）；左臂向前、向上畫弧成兩臂胸前平舉，兩臂微屈同肩寬，掌心均向下，掌指朝前，目視前方。這時吸氣（圖6-9）。

8. 直立按掌

　　兩腿慢慢伸直；兩掌緩緩下按至兩腿外側，成開步自然站立，目前平視。這時呼氣（圖6-10）。

9. 兩臂前舉

　　同1（圖6-11）。

圖 6-12　　　　　　圖 6-13　　　　　　圖 6-14

10. 屈膝橫掌

同2，惟左右相反（圖6-12）。

11. 旋臂翻掌

同3，惟左右相反（圖6-13）。

12. 轉體橫掌

同4，惟左右相反（圖6-14）。

13. 旋臂翻掌

同5，惟左右相反（圖6-15）。

圖 6-15

圖 6-16　　　　　圖 6-17　　　　　圖 6-18

14. 轉體橫掌

同 6，惟左右相反（圖 6-16）。

15. 兩臂前舉

同 7（圖 6-17）。

16. 直立落掌

同 8（圖 6-18）。

圖 6-19　　　　　　　　圖 6-20

二、雲　手

1. 兩臂前舉

　　兩臂慢慢舉起至胸高，與肩同寬。掌心朝下，指尖朝前。這時緩緩吸氣（圖 6-19）。

2. 旋臂推掌

　　兩腿屈膝微蹲，身體微左轉，重心微左移；兩臂微屈，左臂內旋，右臂外旋，兩掌向左推出，左掌在上至左胸前，右掌在下至左腰高，兩掌相距 20 公分，掌心均向左，指尖斜朝前，目視左掌。這時呼氣（圖 6-20）。

圖 6-21　　　　　　　　　　　圖 6-22

3. 右雲手

　　上體微右轉，重心微右移；右掌內旋向上經面前向右畫弧至身體右前方，指尖同鼻高，臂微屈，掌心朝外。左掌外旋掌心朝右，向下經腹前向右畫弧至右手下方約 20 公分處，臂微屈，掌心向右，指尖朝前，目視右掌。此為右雲手定式，這時吸氣（圖 6-21）。

4. 左雲手

　　上體微左轉，重心微左移；左掌內旋向上經面前向左畫弧至身體左前方，指尖同鼻高，臂微屈，掌心朝外。右掌外旋掌心朝左向下，經腹前向左畫弧至右手下方約 20 公分處，臂微屈，掌心朝左，指尖向前，目視左掌。此為左雲手定式，這時呼氣（圖 6-22）。

圖 6-23　　　　圖 6-24　　　　圖 6-25

5. 右雲手

同 3（圖 6-23）。

6. 左雲手

同 4（圖 6-24）。

7. 兩臂前舉

身體微右轉（胸朝南），右掌內旋向右、向上畫弧，左掌外旋，兩臂成胸前平舉，臂微屈同肩寬，掌心均朝下，指尖向前。目視前方，這時吸氣（圖 6-25）。

8. 直立落掌

兩腿慢慢伸直，同時兩手緩緩下按落至兩腿外側，成開

圖 6-26

圖 6-27

圖 6-28

步自然站立，目前平視。這時呼氣（圖 6-26）。

9. 兩臂前舉

同 1（圖 6-27）。

10. 旋臂推掌

同 2，惟方向相反（圖 6-28）。

11. 左雲手

同 3，惟方向相反（圖 6-29）。

圖 6-29

圖6-30

圖6-31

圖6-32

12. 右雲手

同4，惟方向相反（圖6-30）。

13. 左雲手

同5，惟方向相反（圖6-31）。

14. 右雲手

同6，惟方向相反（圖6-32）。

15. 兩臂前舉

同7（圖6-33）。

圖6-33

圖 6-34　　　　　　圖 6-35　　　　　　圖 6-36

16. 直立落掌

同 8（圖 6-34）。

三、掩手肱捶

1. 兩臂前舉

兩臂慢慢提起至與胸高，與肩同寬，掌心朝下，指尖朝前，這時緩緩吸氣（圖 6-35）。

2. 屈膝按掌

兩腿屈膝微蹲，兩手緩緩下落至腹前，掌心向下，指尖朝前，目視前下方。這時呼氣（圖 6-36）。

圖 6-37　　　　　　　　　　圖 6-38

3. 擦步分掌

重心移至右腳,左腳向左擦出一步成右偏馬步;兩掌內旋向左右、向上畫弧分掌與胸高(圖 6-37)。

4. 馬步合臂

兩臂外旋內合,左掌心翻向上,拇、食兩指伸直,餘指屈攏,成表示「八」的手勢,臂微屈,肘下垂,掌同胸高,指尖朝左前方;右臂外旋,右掌變拳,屈肘立於左胸前,拳心朝右後方,目視左掌。這時吸氣(圖 6-38)。

5. 馬步擊拳

上體微左轉,重心微左移,成左偏馬步;左掌內旋迅速收至左腹前,手型不變,掌心緊貼左腹;右拳沿左臂上方內

圖 6-39

圖 6-40

旋，向左前方擊出，目視右拳。此為右掩手肱捶定式，這時呼氣（圖 6-39）。

6. 轉體分掌

上體微右轉，重心微左移，成左偏馬步；右拳變掌，兩掌內旋同時向下、向左右、向上分掌（圖 6-40）。

7. 馬步合臂

兩手外旋內合，右掌心翻向上，拇、食二指自然伸直，餘指屈攏，成表示「八」的手勢，臂微屈，肘下垂，掌同胸高，指尖朝右前方。左臂外旋，左掌變拳，屈肘立於右胸前，拳心朝左後方，目視右掌。這時吸氣（圖 6-41）。

圖 6-41

圖 6-42

8. 馬步擊拳

同 5，惟左右相反，此為左掩手肱捶定式（6-42）。

9. 兩臂前舉

上體微左轉（胸朝南），重心移至左腿，右腳內扣，兩腳平行開立，與肩同寬。兩腿微屈，上體正直，左拳變掌，右手向前、向上畫弧，兩臂成胸前平舉，與肩同寬，掌心均朝下，指尖向前，目前平視。這時吸氣（圖6-43）。

圖 6-43

圖 6-44　　　　　圖 6-45　　　　　圖 6-46

10. 直立落掌

　　兩腿慢慢伸直，同時兩掌緩緩下按至兩腿外側，成開步
自然站立，目前平視，這時呼氣（圖6-44）。

11. 兩臂前舉

　　同1（圖6-45）。

12. 屈膝按掌

　　同2（圖6-46）。

13. 擦步分掌

　　同3，惟左右相反（圖6-47）。

圖 6-47

圖 6-48

14. 馬步合臂

同 4，惟左右相反（圖 6-48）。

15. 馬步擊拳

同 5，惟左右相反（圖 6-49）。

16. 轉體分掌

同 6，惟左右相反（圖 6-50）。

圖 6-49

圖 6-50

圖 6-51

17. 馬步合臂

同 7，惟左右相反（圖6-51）。

18.馬步擊拳

同 8，惟左右相反（圖6-52）。

19. 兩臂前舉

同 9（圖 6-53）。

20. 直立落掌

同 10（圖 6-54）。

圖 6-52

圖 6-53

圖 6-54

圖 6-55

四、野馬分鬃

1. 兩臂前舉

兩臂慢慢提起至與胸高，與肩同寬，掌心朝下，指尖朝前，這時緩緩吸氣（圖 6-55）。

2. 屈膝按掌

兩腿屈膝微蹲，兩手緩緩下落至腹前，掌心朝下，指尖向前，目視前下方。這時呼氣（圖 6-56）。

圖 6-56

圖 6-57   圖 6-58

3. 轉體撩掌

重心左移，右腳尖內扣，上體左轉；右掌外旋向下、向左前畫弧於左腹前，掌心向左上方；左掌內旋向上、向左上畫弧至同肩高，掌心朝左後，目視右掌（圖6-57）。

4. 提膝托掌

重心移至右腿，左腿屈膝提起，腳尖自然下垂；右掌內旋，向上．向右經胸前畫弧至同右肩高，掌心朝外，指尖向左；左掌向上、向後、向下、向前外旋畫弧於左膝外，掌心向上，指尖朝左前方，目視左掌。這時吸氣（圖6-58）。

5. 馬步穿掌

右腿屈膝下蹲，左腳向左落地擦出一步，成左偏馬步。

圖 6-59　　　　　　　　　圖 6-60

左掌向左前方微外旋穿出，左臂屈肘，左掌同胸高，小指側上翻，指尖向左前方，右臂微屈，右掌心朝外，指尖向左前方，目視左掌方向。此為野馬分鬃左式，這時呼氣（圖 6-59）。

6. 轉體撩掌

重心右移，左腳尖內扣，上體右轉；左掌外旋向右前畫弧撩於右腹前，掌心向前上方；右掌內旋向上、向右後畫弧同肩高，掌心朝外後，目視左掌（圖 6-60）。

7. 提膝托掌

重心移至左腿，右腿屈膝提起，腳尖自然下垂；左掌內旋，向上、向左經胸前畫弧於身體左側，同左肩高，掌心朝外，指尖向右前方；右掌向上、向後、向下、向前外旋畫弧

圖 6-61

圖 6-62

托於右膝外，掌心向上，指尖朝右前方，目視右掌。這時吸氣（圖6-61）。

8. 馬步穿掌

左腿微屈下蹲，右腳向右前落地擦出一步，成右偏馬步；右掌向右前方微外旋穿出，右臂屈肘，右掌同胸高，小指側上翻，指尖向右前方；左臂微屈內旋，左掌心朝外，指尖向右前上方，目視右掌方向。此為野馬分鬃右式，這時呼氣（圖6-62）。

9. 兩臂前舉

上體微左轉，右腳尖內扣，重心移至右腳，左腳回收成屈膝開立；左手外旋，右手內旋，隨身體微左轉，兩手同時畫弧回至胸前平舉，兩掌心翻向下，日前平視。這時吸氣

圖 6-63

圖 6-64

圖 6-65

（圖 6-63）。

10. 直立落掌

　　兩腿慢慢伸直，同時兩掌緩緩下按落至兩腿外側，成開步自然站立，目前平視。這時呼氣（圖 6-64）。

11. 兩臂前舉

　　同 1（圖 6-65）。

12. 屈膝按掌

　　同 2（圖 6-66）。

圖 6-66

13. 轉體撩掌

同 3，惟左右相反（圖 6-67）。

14. 提膝托掌

同 4，惟左右相反（圖 6-68）。

15. 馬步穿掌

同 5，惟左右相反（圖 6-69）。

16. 轉體撩掌

同 6，惟左右相反（圖 6-70）。

圖 6-67

圖 6-68

圖 6-69

圖 6-70　　　　　　　圖 6-71

17. 提膝托掌

同 7，惟左右相反
（圖 6-71）。

18. 馬步穿掌

同 8，惟左右相反
（圖 6-72）。

19. 兩臂前舉

同 9（圖 6-73）。

20. 直立落掌

同 10（圖 6-74）。

圖 6-72

圖 6-73　　　　　圖 6-74　　　　　圖 6-75

五、金雞獨立

1.兩臂前舉

兩臂慢慢提起至與胸高，與肩同寬。掌心朝下，指尖向前。這時緩緩吸氣（圖 6-75）。

2. 屈膝按掌

兩腿屈膝微蹲，兩手緩緩下按落至腹前，掌心朝下，指尖向前，目視前方。這時呼氣（圖 6-76）。

3. 收腳收掌

重心移至右腳，左腳跟提起，腳前掌擦地收至右腳內側

| 圖 6-76 | 圖 6-77 | 圖 6-78 |

約 5 公分處。左掌向左、向下、向右畫弧外旋收至胯旁，掌心向上，指尖向前。右掌向左、向下畫弧至左腹前，掌心向下，指尖向左，目視右掌。這時吸氣（圖 6-77）。

4. 提膝穿掌

左腿屈膝提起，腳尖自然下垂；左掌外旋向上經面前再內旋向上穿出，掌心向左，指尖朝上；右掌向下、向右畫弧至右胯旁，掌心向下，指尖朝前，目視前方。此為金雞獨立右式，這時呼氣（圖 6-78）。

5. 踏腳按掌

右腿微蹲，左腿下落踏腳；左掌下落，右掌同時在左腹前按，目視左掌。這時短吸、呼氣（圖 6-79）。

圖 6-79　　　　　　　　　　圖 6-80

6. 擦步推掌

　　重心移至右腳，左腳向左擦出一步，同時兩掌繼續向右、向上、向左腹前畫弧推於左前方，同腰高，目視右掌。這時呼氣（圖6-80）。

7. 收腳收掌

　　重心移至左腳，右腳跟提起，腳前掌擦地收至左腳內側約5公分處；右掌向右、向下、向左畫弧並外旋至右胯旁，掌心向上，指尖朝前；左掌向右、向下、向左畫弧至右腹前，掌心向下，指尖朝右，目視右掌。這時吸氣（圖6-81）。

| 圖 6-81 | 圖 6-82 | 圖 6-83 |

8. 提膝穿掌

右腿屈膝提起，腳尖自然下垂；右掌外旋向上經面前再內旋向上伸出，掌心向右，指尖朝上；左掌向下、向左畫弧至左胯旁，掌心向下，指尖朝前，目視前方。此為金雞獨立左式，這時呼氣（圖 6-82）。

9. 兩臂前舉

右腳下落成屈膝開立；右手下按，左手向上畫弧，成兩臂胸前平舉，與肩同寬，掌心向下，指尖朝前，目前平視（圖 6-83）。

| 圖 6-84 | 圖 6-85 | 圖 6-86 |

10. 直立落掌

兩腿慢慢伸直，同時兩掌緩緩下按落至兩腿外側，成開步自然站立，目前平視（圖6-84）。

11. 兩臂前舉

同1（圖6-85）。

12. 屈膝按掌

同2（圖6-86）。

13. 收腳收掌

同3，惟左右相反（圖6-87）。

圖 6–87　　　　　圖 6–88　　　　　圖 6–89

14. 提膝穿掌

同 4，惟左右相反（圖 6-88）。

15. 踏腳按掌

同 5，惟左右相反（圖 6-89）。

16. 擦步推掌

同 6，惟左右相反（圖 6-90）。

圖 6–90

圖 6-91   圖 6-92   圖 6-93

17. 收腳收掌

同 7，惟左右相反（圖 6-91）。

18. 提膝穿掌

同 8，惟左右相反（圖 6-92）。

19. 兩臂前舉

同 9，惟左右相反（圖 6-93）。

20. 直立落掌

同 10（圖 6-94）。

圖 6-94

圖 6-95

圖 6-96

六、拍（擦）腳

1. 兩臂前舉

兩臂慢慢提起至同胸高、同肩寬，掌心朝下，指尖向前，這時緩緩吸氣（圖 6-95）。

2. 屈膝按掌

兩腿屈膝微蹲，兩手緩緩下按至腹前，掌心朝下，指尖向前，目視前方。這時呼氣（圖 6-96）。

3. 擦步分掌

右腿繼續屈蹲，重心移至右腿，左腳向左擦出一步；兩

圖 6-97   圖 6-98

臂內旋，兩掌向下、向後、向上分別向左右畫弧成側舉，目
視右掌。這時吸氣（圖6-97）。

4. 弓步合臂

上體左轉，重心移向左腿成左弓步；左掌外旋，掌心朝
右，指尖向前上方；右掌外旋，向左、向下畫弧至左掌下約
20公分處，掌心朝左後，指尖向左前，目視左掌。這時吸
氣（圖6-98）。

5. 屈肘疊臂

兩臂內旋屈肘，兩前臂裡外相疊，右臂在裡，掌心均向
下，目視左掌。這時吸氣（圖6-99）。

圖 6–99　　　　　　　　　圖 6–100

6. 舉掌拍腳

重心全部移至左腳，右腳提起，向右前上方踢出；左掌向下、向後、向左、向上畫弧平舉至與肩同高，臂微屈，掌心斜向下，指尖朝右上方；右掌向上、向右經胸前畫弧向下擊拍右腳面，目視右掌。此為右拍腳定式，這時呼氣（圖6–100）。

7. 落腳立掌

左腿屈膝，身體下降，右腳向右後下落步，上體右轉；右臂微屈，右掌立於右胸前，指尖同肩高；左臂左前平舉，目視右掌。這時吸氣（圖6–101）。

圖 101

圖 102

8. 弓步合臂

身體右轉，重心右移成右弓步；右掌向下、向後、向上、向左外旋畫弧至右胸前，掌心朝左，指尖向前上方；左掌外旋向下、向右畫弧至右掌下約 20 公分處，掌心朝右後，指尖向右前方，目視右掌。這時呼氣（圖 6-102）。

圖 6-103

9. 屈肘疊臂

同 5，惟左右相反（圖 6-103）。

圖 6-104　　　　　圖 6-105　　　　　圖 6-106

10. 舉掌拍腳

同 6，惟左右相反（圖 6-104）。

11. 兩臂前舉

左腳向左後方下落並踏實，身體左轉，左腳尖內扣，重心移至兩腿之間，兩腿微屈；兩臂胸前平舉，兩掌心朝下，腳尖向前，目視前方。這時吸氣（圖 6-105）。

12. 直立落掌

兩腿慢慢伸直，兩掌緩緩下按至兩腿外側，成開步自然站立，目前平視。這時呼氣（圖 6-106）。

圖 6–107　　　　　　圖 6–108　　　　　　圖 6–109

13. 兩臂前舉

同1（圖6–107）。

14. 屈膝按掌

同2（圖6–108）。

15. 擦步分掌

同3，惟左右相反（圖
6–109）。

圖 6–110

16. 弓步合臂

同4，惟左右相反（圖6–110）。

圖 6-111

圖 6-112

17. 屈肘疊臂

同 5，惟左右相反（圖 6-111）。

18. 舉掌拍腳

同 6，惟左右相反（圖 6-112）。

19. 落腳立掌

同 7，惟左右相反（圖 6-113）。

圖 6-113

圖 6-114

圖 6-115

20. 弓步合臂

同 8，惟左右相反（圖 6-114）。

21. 屈肘疊臂

同 9，惟左右相反（圖 6-115）。

22. 舉掌拍腳

同 10，惟左右相反（圖 6-116）。

圖 6-116

圖 6–117

圖 6–118

23.兩臂前舉

同 11（圖 6–117）。

24.直立落掌

同 12（圖 6–118）。

七、攬扎衣

圖 6–119

1.提膝握拳

重心移至右腿，左腿屈膝提
起；左掌握拳提於胸前，拳心向上；右掌向左畫弧於腹前，
掌心翻向上，指尖朝左，這時吸氣（圖 6–119）。

圖 6-120   圖 6-121   圖 6-122

2. 踏腳砸拳

左腳落地下踏，兩腿微屈（重心仍偏右腿）；左拳背落砸右掌心，目視前下方。這時呼氣（圖 6-120）。

3. 轉體翻掌

上體向右、向左回轉；右掌托左拳向右上、向左畫弧至右胸前，隨之左拳變掌，兩掌內旋，兩掌心翻向外，右掌指向上，左掌指向右，目視兩掌。這時吸氣（圖 6-121、122）。

4. 屈膝分掌

重心移至左腿，兩腿屈膝下蹲；右掌向下按至腹前，指尖向左上方；左掌橫於胸前，指尖朝右上方，目視右掌（圖

圖 6-123   圖 6-124

6-123）。

5. 擦步合臂

重心移至右腿，左腳抬起向左側擦出一步成右橫弓步；右掌向右、向上、向左外旋畫弧至胸前，掌心向左，指尖朝前上；左掌向上經胸前向左、向下、向右外旋畫弧合於右掌下 20 公分處，掌心朝右，指尖向前，目視右掌。這時呼氣（圖 6-124）。

6.馬步翻掌

上體右轉，左腿屈膝沉胯成右偏馬步；右掌外旋，掌心翻向上，指尖朝左上方；左掌內旋，掌心翻向外，掌指朝右下方，目視左掌（圖 6-125）。

圖 6-125

圖 6-126

7. 馬步立掌

　　上體繼續左轉，重心緩緩左移成左偏馬步；右掌向下、向右畫弧落至腹前，掌心朝上，指尖向左，小指側輕貼腹部；左掌向上、向右經胸前橫掌畫弧至身體左前方，坐腕成立掌，指尖同肩高，掌心向左前方，目視左掌。此為攬扎衣左式，這時短吸呼氣（圖 6-126）。

圖 6-127

8.提膝握拳

　　同 1，惟左右相反（圖 6-127）。

圖 6-128　　　　圖 6-129　　　　圖 6-130

9.踏腳砸拳

同 2，惟左右相反（圖 6-128）。

10.轉體翻掌

同 3，惟左右相反（圖 6-129、130）。

11.屈膝分掌

同 4，惟左右相反（圖 6-131）。

圖 6-131

圖 6-132   圖 6-133

12. 擦步合臂

同 5，惟左右相反（圖 6-132）。

13.馬步翻掌

同 6，惟左右相反（圖 6-133）。

14. 馬步立掌

同 7，惟左右相反，此為攬扎衣右式（圖 6-134）。

15. 兩臂前舉

重心移至右腿，左腳抬起

圖 6-134

圖 6-135　　　　　　　　圖 6-136

收成屈膝開立；右掌向左畫弧，左掌向上、向前畫弧內旋成
兩臂胸前平舉，兩臂微屈，掌心均向下，指尖朝前，目視兩
掌。這時吸氣（圖6-135）。

16.直立落掌

兩腿慢慢伸直，兩掌緩緩下按至兩腿外側，目前平視。
這時呼氣（圖6-136）。

八、單　鞭

1.屈膝分掌

兩腿微屈，重心移至左腿，上體微左轉；兩臂向上屈肘
外旋，分掌同肩高，掌心向上，指尖朝左、右側，目視左

圖 6-137

圖 6-138

掌。這時吸氣（圖 6-137）。

2. 馬步托掌

右腿屈蹲，左腳抬起向左側方擦出一步，重心右移成右偏馬步；兩掌分別向左右、向後畫弧至兩耳側，掌心均向上，指尖朝後，目視右前方。這時繼續吸氣（圖 6-138）。

3. 虛步按掌

右腳前掌擦地收至左腳內成右虛步，兩腳相距 10 公分，右腳尖朝右前方，左腳尖朝左前方，兩腳約成 90°角，兩腿微屈，右膝外展；兩掌下按至左胯前 20 公分處，兩臂微屈，肘下墜，兩掌心斜相對，目視兩掌。這時呼氣（圖 6-139）。

圖 6-139

圖 6-140

4. 轉體推掌

上體微左轉，右掌向左前方橫掌推出，掌心向下，指尖朝左；左掌外旋內收於左腹前，掌心向上，指尖朝前，目視右掌。這時吸氣（圖6-140）。

5. 翻掌出勾

上體微右轉，右掌外旋，掌心翻向上，內收於腹前，小指側輕貼腹部；左掌變勾經右掌上方

圖 6-141

向左上出勾，同腰高，勾尖朝左後方，目視左手。這時呼氣（圖6-141）。

圖 6-142 　　　　　　　　 圖 6-143

6.屈膝擦步

左腿屈膝下蹲，右腳抬起向右擦出一步，目視右腳。這時吸氣（圖6-142）。

7. 右移扣腳

右腳尖內扣，全腳掌著地，接著重心右移，左腳尖內扣，目視左勾手。這時呼氣（圖6-143）。

8. 左移穿掌

身體重心左移，右掌向左肘下穿出；隨之右掌內旋，掌心翻向左前方。這時吸氣（圖6-144、145）。

圖 6-144　　　　　　　圖 6-145

9. 馬步拉掌

　　重心緩緩右移，成右偏馬步，右掌經胸前隨重心右移，向右拉橫掌擊出，坐腕垂肘成立掌，掌心朝右前方，指尖同肩高；左肘下垂，左勾手勾尖向下，目視右掌。此為右單鞭定式，這時呼氣（圖 6-146）。

圖 6-146

10. 馬步托掌

　　同 2，惟左右相反（圖 6-147）。

圖 6-147

圖 6-148

11. 虛步按掌

同 3，惟左右相反（圖6-148）。

12. 轉體推掌

同 4，惟左右相反（圖6-149）。

13. 翻掌出勾

同 5，惟左右相反（圖6-150）。

圖 6-149

圖 6-150

圖 6-151

14. 屈膝擦步

同6，惟左右相反（圖6-151）。

15. 左移扣腳

同7，惟左右相反（圖6-152）。

16. 右移穿掌

同8，惟左右相反（圖6-153、154）。

圖 6-152

圖 6-153

圖 6-154

17. 馬步拉掌

同 9，惟左右相反，此為左單鞭定式（圖 6-155）。

圖 6-155

收　式

1. 兩臂前舉

重心移至左腳，右腳抬起回收，成屈膝開立；右手變掌，兩掌向前、向左右畫弧在胸前平舉，兩臂微屈，掌心向下，指尖朝前，目視前方。這時吸氣（圖 6-156）。

圖 6-156　　　　　　圖 6-157　　　　　　圖 6-158

2.直立落掌

兩腿慢慢伸直，兩掌緩緩下按至兩腿外側成開步自然站立，目向前平視。這時呼氣（圖6-157）。

3.併步站立

左腳向右腳併攏成併腳自然站立，目向前平視。自然呼吸（圖6-158）。

第 7 章

陳式太極拳「基本套路」
（十三勢）

　　前人將十三個技擊技法，即肢體運動的十三個方位，融會貫通於太極拳動作中，決定了太極拳的特性。加之太極陰陽哲理，構建了太極拳運動形式，使太極拳每一招勢（動作）都具有十三種技擊法則的因素，故太極拳又名「十三勢」。

　　為進一步讓練習者體悟太極拳的特性，不失其本質，特將「基本功」練習和「基本動作」合編成精短的「基本套路」，反覆精練，使意、氣、形確實做到內外合一，意形合一，體用兼練；「無處不是圓，無處不是拳」，給人以無限的情趣。

　　「基本套路」是由五個「樁功」和八個「基本動作」共十三個拳勢組成，按傳統「太極拳釋名」，故「基本套路」亦可謂「陳式太極十三勢」。

一、動作名稱及其分動教學口令

（一）起　式

1. 無極勢（胸朝南）
2. 搗碓勢
   開步站立
   兩手左前掤
   兩手右後攦
   虛步撩掌
   提膝舉拳
   踏腳砸拳
3. 纏繞勢
   左繞托拳
   托拳右繞
   托拳下繞
4. 開合勢
   轉身托拳
   轉身翻掌
   轉身分掌
   轉身合手
   轉身托拳
   轉身翻掌
   轉身分掌
   轉身合手

5. 滾球勢
   轉身托拳
   轉身翻掌
   左轉抱球
   右轉抱球

（二）右攬扎衣

1. 左轉抹掌
2. 提膝分掌
3. 擦步合臂
4. 馬步翻掌
5. 馬步立掌

（三）左攬扎衣

1. 舉拳提膝
2. 踏腳砸拳
3. 右轉托拳
4. 左轉翻掌
5. 分掌提膝
6. 擦步合臂
7. 馬步翻掌
8. 馬步立掌

（四）左雲手

1. 轉身擺掌
2. 插步雲手
3. 跨步雲手

（五）右雲手

1. 轉身擺掌
2. 跨步雲手
3. 插步雲手
4. 跨步雲手

（六）左擦（拍）腳

1. 歇步疊臂
2. 分掌拍腳

（七）右擦（拍）腳

1. 歇步疊臂
2. 分掌拍腳

（八）掩手肱捶

1. 提膝握拳
2. 震腳栽拳
3. 擦腳合臂
4. 馬步分掌
5. 轉腰旋臂

6. 弓步發拳

（九）右單鞭

1. 馬步分掌
2. 虛步按掌
3. 轉腰錯掌
4. 轉腰提勾
5. 屈膝擦步
6. 轉腰穿掌
7. 馬步立掌

（十）左金雞獨立

1. 扣腳擺掌
2. 擺腳擺掌
3. 收腳收掌
4. 提膝穿掌

（十一）右金雞獨立

1. 踏腳按掌
2. 擦腳擺掌
3. 收腳收掌
4. 提膝穿掌

（十二）左倒捲肱

1. 落腳穿掌
2. 馬步分掌

3.退步捲肱

（十三）右倒捲肱

1.馬步分掌
2.退步卷肱

（十四）左倒捲肱

1.馬步分掌
2.退步捲肱

（十五）右野馬分鬃

1.轉身撩掌
2.提膝托掌
3.馬步穿掌

（十六）左野馬分鬃

1.擺腳翻掌
2.提膝托掌
3.馬步穿掌

（十七）左掩手肱捶

1.提膝握拳
2.踏腳栽拳
3.擦腳合臂
4.馬步分手
5.轉腰旋臂

6.弓步發拳

（十八）左單鞭

1.馬步分掌
2.虛步按掌
3.轉腰錯掌
4.轉腰提勾
5.屈膝擦步
6.轉腰穿掌
7.馬步立掌

（十九）收　式

1.虛步撩掌
2.舉拳提膝
3.踏腳砸拳
4.屈蹲托拳
5.落掌開立
6.併腳直立

圖 7-1   圖 7-2

二、套路動作圖解

（一）起　式

1. 無極勢（胸朝南）

併腳直立：身體自然直立，兩腳併攏。頭頸正直放鬆，肩臂鬆垂，兩手輕貼在大腿外側，精神集中，目前平視，呼吸自然（圖 7-1）。

2. 搗碓勢

① 開步站立

左腳緩緩提起，向左開步，兩腳距離與肩同寬，腳尖向

圖 7-3	圖 7-4

前，重心落於兩腿之間，目前平視（圖 7-2）。

② 兩手左前掤

身體重心移於左腳前掌，兩臂向左、向前畫弧，兩腕背側微凸，掌心朝內，手指自然下垂，兩手離身體約 20 公分，目視左前方（圖 7-3）。

③ 兩手右後攦

身體重心移於右腳；兩臂向右微向後畫弧，右手於右胯側，左手於腹前，兩手塌腕，掌心向下，指尖朝左前方，目視左手方向（圖 7-4）。

④ 虛步撩掌

身體重心移向左腿，屈膝支撐重心，右腿屈膝向前上步，腳尖點地成右虛步；右手向右、向後、向下、向前畫弧撩出於右膝上方，掌心向前上，掌指朝前下方；左手向右畫弧合於右前臂內側，手心向下，指尖朝右，目視右手方向

圖 7-5   圖 7-6   圖 7-7

（圖 7-5）。

⑤ 提膝舉拳

右掌變拳，屈肘上舉，拳面同頷高，拳心朝內；左手外旋，掌心朝上，掌背下壓落於腹前，指尖朝右；右腿屈膝提起同腰高，腳尖自然下垂，目視右拳（圖 7-6）。

⑥ 踏腳砸拳

左腿屈蹲，右腳全腳掌踏地，兩腳並行，相距 20 公分；右拳落砸於左掌心內，拳心朝上，目視前下方（圖 7-7）。

3. 纏繞勢

① 左繞托拳

身體微左轉，重心移向左腿；左掌托右拳，向左、向上繞至左腹前上方，眼隨手視（圖 7-8）。

| 圖 7–8 | 圖 7–9 | 圖 7–10 |

② 托拳右繞

身體微右轉，重心移向右腿；左掌托右拳，由左腹前向上、向右繞至腹右上方，目隨手視（圖7-9）

③ 托拳下繞

身體微左轉，重心移於兩腿之間，左掌托右拳，向右、向下、向左弧形繞至小腹前下方，目視前下方（圖7-10）。

按以上1～3分動重複一次，左手托右拳在腹前輕貼小腹纏繞兩個小圓。

4. 開合勢

① 轉身托拳

身體重心移向左腿，上體左轉；左掌托右拳，向左、向上畫弧至左胸前，目視右拳（圖7-11）。

圖 7-11　　　　　圖 7-12　　　　　圖 7-13

② 轉身翻掌

身體重心移向右腿，上體右轉；右拳變掌，兩前臂內旋，兩掌外翻，掌心向外，兩腕相搭於胸前，右腕在裡，目視左手（圖 7-12）。

③ 轉身分掌

重心移至右腿，右掌向上、向右畫弧於額右前上方，掌心朝外，指尖斜向上；左掌向下、向左繞於左胯旁，目視右掌（圖 7-13）。身體重心移向左腿，上體左轉；左掌向左、向上繞至額左前上方，掌心朝外，指尖斜向上；右掌向右、向下繞至右胯旁，掌心向下，指尖朝前，目視左前下方（圖 7-14）。

圖 7-14　　　　　圖 7-15　　　　　圖 7-16

④ 轉身合手

重心移至兩腿之間，上體微右
轉胸正對前方（南）；右掌向左繞
至小腹前，掌心翻向上，指尖朝
左。左掌外旋變拳，向右經面部下
落至右掌上，拳心朝上稍斜向裡，
目視前下方（圖 7-15）。

⑤ 轉身托拳

動作同分動①，惟方向相反
（圖 7-16）。

⑥ 轉身翻掌

動作同分動②，惟方向相反
（圖 7-17）。

圖 7-17

圖 7-18　　　　　　　　　圖 7-19

⑦ 轉身分掌

　動作同分動③，惟方向相反（圖 7-18、19）。

⑧ 轉身合手

　動作同分動④，惟方向相反（圖 7-20）。

5.滾球勢

① 轉身托拳

　身體重心移向

圖 7-20　　　　　　　圖 7-21

左腿，上體微左轉；左掌托右拳，向左、向上畫弧至左胸前，目視右拳（圖 7-21）。

圖 7-22　　　　　　　圖 7-23　　　　　　　圖 7-24

② 轉身翻掌

　　重心向右移，上體微右轉；右拳變掌，兩前臂內旋，兩掌外翻，掌心均向外，兩腕相搭於胸前，右腕在裡，目視左掌（圖 7-22）。

③ 左轉抱球

　　身體重心移向左腿並微屈，身體左轉；右掌左伸於左肩前約 30 公分，掌心向下，指尖朝左；左掌外旋向右、向下、向裡、向左畫弧於左腹前，掌心向上，指尖朝右（圖 7-23）。身體左轉，重心移至右腿；右掌向前、向下、向裡弧形邊落邊外旋於腹前，掌心向上，掌指朝左；左掌向後，沿腹部向上畫弧內旋提至胸前，掌心翻向下與右掌心相對，如抱球狀，目視左掌（圖 7-24）。

④ 右轉抱球

重心移向左腿，上體右轉；左掌向前、向下弧形邊落邊外旋，掌心翻向上於腹前，掌指朝右；右掌向後沿腹部向上畫弧內旋提至胸前，掌心翻向下與左掌心相對，如抱球狀，目視右掌（圖7-25）。

註：

1. 此起式包括有陳式太極拳的五個樁功。因在陳式太極拳十三勢的套路演練中，將五種樁功作為動作形式出現，左右各練一次，故取名「勢」。

2. 練習中應注意呼吸與動作配合，動作應緩柔連貫。

圖 7-25

（二）右攬扎衣

1. 左轉抹掌

身體左轉，重心移向右腿；右掌向左、向前畫弧平抹於胸前30公分處，掌心向下，指尖朝左前方。左掌向

圖 7-26

右、向裡畫平弧於右腰前，掌心向上，掌指朝右，目視右手方向（圖7-26）。

圖 7-27   圖 7-28

2. 提膝分掌

上體右轉，右掌向前、向右畫弧於右肩前上方，掌心向外，掌指朝左上方；左掌向裡，沿腰腹向左下、內旋畫弧於左胯側約 30 公分處，掌心斜向下，指尖朝左下方，目視右手方向（圖 7-27）。身體重心移至左腿並屈蹲，右腿屈膝提起，腳尖翹起；左掌向左、向上、向右畫弧外旋於肩左前上方，掌心向前，指尖朝左；右掌向右、向下畫弧於右胯側，掌心斜向下，掌指朝右前上方，目視右掌方向（圖 7-28）。

3. 擦步合臂

左腿下蹲，右腳下落，腳跟內側一觸地面即向右側擦步，腿自然伸直，腳尖上翹朝前上方；兩掌臂左右相合於上

圖 7-29 　　　　　　　　圖 7-30

體左前側，左掌於左胸前，掌心向右，掌指朝前；右掌於腰前，掌心向左，掌指朝前，目視右腳方向（圖 7-29）。

4. 馬步翻掌

右腳尖內扣下落全腳掌著地，身體重心微移向右腿成左偏馬步；上體微右轉，隨之左右兩手相合，兩前臂上下相疊，左手臂在上，手外旋手心斜向上，指尖朝右上方；右手臂在下，手內旋，手心斜向下，指尖朝左下方；目視右手方向（圖 7-30）。

5. 馬步立掌

身體重心移向右腿成右偏馬步；上體微右轉，左掌向下、向左畫弧落於腹前，掌心向上，指尖朝右。右掌向上、向前、向右畫弧橫掌於右肩右前方，掌心向下，指尖朝左前方，目視右掌（圖 7-31）。上體鬆腰、鬆胯，上體微微左轉，隨之右肩下沉，右臂墜肘、塌腕，掌指外旋成立掌，掌

圖 7-31　　　　　　　　圖 7-32

心斜向前，重心下沉掌指斜朝上；左掌仍於腹前，掌背有一下沉勁，目視右掌方向（圖 7-32）。

【要點】：

1. 各分動間要連貫、順暢。

2. 上體隨動作轉動但要保持舒鬆正直。

3. 擦步時要虛實分明。

4. 最後定勢時要胯下沉，右手臂外旋，體現出由內及外的纏絲勁。

（三）左攬扎衣

1. 舉拳提膝

身體重心全部移至右腿並屈膝微升起，左腿屈膝提起，膝同腰高，腳尖翹起；左臂屈肘握拳上舉於左膝上方，同下頦高，拳面向上，拳心朝內；右掌向下、向左畫弧於右腹前，手心向上，指尖朝左，目視左拳（圖 7-33）。

圖 7–33　　　　　　圖 7–34　　　　　　圖 7–35

2. 踏腳砸拳

　　左腳向右腳內側落地下踏（兩腳相距 20 公分），兩腿屈膝半蹲；左前臂微內收，左拳下落，砸擊於右掌心內，目視前下方（圖 7–34）。

3. 右轉托拳

　　身體右轉，重心移向右腿；右手托左拳，向右、向上畫弧於右肩前，目視左拳（圖 7–35）。

4. 左轉翻掌

　　身體重心移向左腿，上體左轉；左拳變掌，兩前臂內旋，兩掌外翻，掌心向外，兩腕相搭於胸前，右手在外，目視右手（圖 7–36）。

5. 分掌提膝

身體左轉，重心移向左腿；左手向上、向左畫弧於左肩前上方，手心向外；右手向下、向右畫弧於右胯旁，手心斜向下，目視左前方（圖7-37）。身體重心全部移至右腿並屈蹲，左腿屈膝提起，膝同腹高，腳尖翹起；左手向左、向下畫弧下落於胯左前側，掌心斜向下；右手向右、向上畫

圖7-36

弧於右肩前上方，掌心朝外，目視左掌方向（圖7-38）。

圖7-37

圖7-38

圖 7-39　　　　　　　　　圖 7-40

6. 擦步合臂

　　右腿屈蹲，左腳下落，以腳跟內側沿地面向左擦出，腳尖向前上方；右手向左、向下畫弧，左手向右、向下畫弧，使兩臂在右胸前相合，右手在上，手心朝左，左手在下，手心朝右，目視右手方向（圖 7-39）。

7. 馬步翻掌

　　左腳尖內扣下落，全腳掌著地，身體重心微移向左腿成右偏馬步；上體微左轉，隨之兩手繼續相合，兩前臂上下相疊，右臂在上，手外旋，手心斜向上，指尖朝左上方；左臂在下，手內旋，手心斜向下，指尖朝右下方，目視左手方向（圖 7-40）。

8. 馬步立掌

　　身體重心移向左腿成左偏馬步；上體微左轉，右掌向下、向右畫弧落於腹前，掌心向上，指尖朝左。左掌向上、

圖 7-41

圖 7-42

向前、向左畫弧橫掌於左肩左前方，掌心向下，指尖朝右前方，目視左掌（圖 7-41）。上體鬆腰、鬆胯、重心下沉；上體微微右轉，隨之左肩下沉，左掌墜肘、塌腕成立掌，掌心斜向前，掌指斜朝上。右掌仍於腹前，掌背有一沉勁，目視左掌方向（圖 7-42）。

【要點】：同右攬扎衣，惟左右姿勢相反。

（四）左雲手

1. 轉身擺掌

　　身體重心微移向左腿，上體微左轉；隨之右掌向左、向上畫弧於左上臂內側，掌心向斜上方，掌指朝左上方，目視右掌方向（圖 7-43）。左腿

圖 7-43

圖 7-44   圖 7-45

蹬伸，重心移向右腿並屈蹲；上體右轉，右掌向上經左肩前
內旋，掌心翻向外，經面前向右、向下畫弧擺於右肩前上
方，掌心向外，指尖朝左上方；左掌微外旋，掌心斜向前並
屈肘、屈腕向右平擺於右肘內下方，掌心向右下方，指尖朝
前，目視右掌方向（圖 7-44）。

2. 插步雲手

　　右腿蹬伸，使身體重心全部移至左腿並屈膝，右腿屈膝
插於左腿左後方，腳前掌觸地；上體左轉，左掌內旋，掌心
向外、向上經面前向左、向下畫弧雲手於左肩前上方，掌心
斜向外，指尖朝右上方，右掌外旋，掌心向左並屈肘、屈腕
向左雲手於左肘內下方，掌心向左下方，指尖朝前，目視左
掌方向（圖 7-45）。

3. 跨步雲手

左腿蹬伸，身體重心全部移至右腿並屈膝，左腿向左跨一步，腳跟先觸地，腳尖上翹；右掌內旋，掌心向外繼續向左、向上經面前向右、向下畫弧雲手於右肩前上方，掌心斜向外，指尖朝左上方；左掌外旋，掌心向右並屈肘、屈腕向右平雲於右肘內下方，掌心向右下

圖 7-46

方，指尖朝前，目視右掌方向（圖 7-46）。

【要點】：

1. 此動有 3 個分動，動作要連貫完成。

2. 下肢動作插步、跨步要與上肢的擺掌雲手協調配合。

3. 眼要向上看雲手掌的方向。

4. 此動方向為前動作的左後 45°。

（五）右雲手

1. 轉身擺掌

左腳尖外擺下落，全腳掌觸地，右腿蹬伸，重心移向左腿並屈膝外展；上體左轉，左掌內旋向右、向上、向左畫弧雲擺於左肩前，掌心向外，指尖朝右斜上方。右掌向右、向下、向左畫弧雲擺於右腰側前方，掌心向前下方，指尖斜朝

圖 7-47

圖 7-48

右，目視右掌（圖 7-47）。右腿繼續蹬伸使重心全部移至左腿，右腳跟提起，以腳前掌為軸向裡碾轉，右膝微屈似插步狀；上體繼續左後轉，隨之左掌繼續向左、向下雲擺於左肩前上方，掌心向外，指尖朝右上方。右掌屈腕、屈肘沿腰前平雲於腰左前側，掌心向左，指尖朝前，目視左掌方向（圖 7-48）。

2. 跨步雲手

右腳經左腳跟後向右斜後方跨一步，腳跟觸地，腳尖朝右上方；上體微微左轉，隨之兩手繼續向左雲，手型保持不變，目仍視左掌（圖 7-49）。

3. 插步雲手

左腿蹬伸，使重心全部移至右腿，右腳尖下落，全腳掌

圖 7-49

圖 7-50

踏實，右膝屈蹲，隨即左腿屈膝插於右腿右後方，腳前掌觸地；同時上體右轉，隨之右掌內旋，掌心向外，繼續向上經面前向右、向下畫弧雲手於右肩前上方，掌心斜向外，指尖朝左上方。左掌外旋，掌心向右並屈肘、屈腕向右平雲於右肘內下方，掌心向右下方，指尖朝前，目視右掌方向（圖7-50）。

4.跨步雲手

右腿蹬伸，使重心全部移至左腿，左腳跟下落，全腳掌踏實，左膝屈蹲，隨即右腳經左腳前，向右斜後方跨一步，腳跟觸地，腳尖朝右上方；上體左轉，隨之左手內旋，掌心向外、向上經面前向左、向下畫弧雲手於左肩前上方，掌心斜向外，指尖朝右上方。右掌外旋，掌心向左並屈肘、屈腕向左平雲手於左肘內下方，掌心向左下方，指尖朝前，目視

圖 7-51

圖 7-52

左掌方向（圖 7-51）。

　　【要點】：右雲手與左雲手要點相同。

（六）左擦（拍）腳

1. 歇步疊臂

　　左腿蹬伸，使重心移向右腿，右腳尖外擺下落，全腳掌踏地，右腿屈膝半蹲，左腳跟提起，腳前掌為軸向右碾轉屈膝靠近右膝後成高歇步；上體右後轉約 180°，右掌內旋屈臂橫於胸前，掌心向下，指尖朝左；左掌向下、向右畫弧屈臂與右臂相疊於胸前，左臂在下，掌心向下，指尖朝右，目視右掌方向（圖 7-52）。

2. 分掌拍腳

身體重心移至右腿，微屈支撐重心，左腳向左前上方繃腳面踢出；兩臂向上，分別向左、右畫弧分展，右掌於右肩前上方，掌心斜向下，指尖朝右上方，左掌向下擊拍左腳面，目視左腳（圖7-53）。

圖 7-53

【要點】：

1. 歇步疊臂時，動作要緩柔協調。

2. 分掌拍腳時，要有短促有力的爆發勁，擊拍要準確響亮。

3. 精神要集中，眼睛要貫注。

（七）右擦（拍）腳

1. 歇步疊臂

左腳外擺落地，左腿屈膝半蹲；右腳跟提起，腳前掌為軸向左碾轉並屈膝靠近左膝後成高歇步；上體左後轉約180°，左臂屈肘橫於胸前，掌心向下，指尖朝右。右掌向下、向右畫弧屈臂與左臂相疊於胸前，左臂在下，掌心向

圖 7-54

圖 7-55

下，指尖朝左，目視左掌方向（圖 7-54）。

2. 分掌拍腳

身體重心移至左腿並微屈支撐重心，隨即右腳向右前上方繃腳面踢出；同時兩臂向上、向右左畫弧分展，左掌於左肩前上方，掌心斜向下，指尖朝右上方。右掌向下擊拍右腳面，目視右腳（圖 7-55）。

【要點】：此動與左擦腳要點相同。

（八）掩手肱捶

1. 提膝握拳

右腿下落，屈膝提起，腳尖自然下垂；上體微左轉，隨之右手掌心翻向上，左掌微內旋，掌心向外，指尖朝左斜前

圖 7-56

圖 7-57

方，目視右掌方向（圖 7-56）。上體急促用勁向右擰轉，帶動兩手臂，右手握拳快速屈臂向左、向下，左掌快速屈臂向右、向下相合於胸前，左臂在上，左掌附貼於右前臂上，指尖朝右，右拳心朝下；隨轉體左腳以前腳掌為軸，腳跟稍提起向右碾轉約 45°，腿微屈；右腿繼續屈膝上提，膝同腰高，右腳尖翹起，目視右前下方（圖 7-57）。

2. 震腳栽拳

左腿屈膝，右腳平腳掌下踏，震腳於左腳內側，右腿屈膝半蹲；左腿屈膝提起，身體右轉，兩臂合勁使右拳下栽，拳面向下，左掌仍附於右前臂上，指尖斜朝上，目視右拳方向（圖 7-58）。

圖 7-58

圖 7-59

3. 擦腳合臂

右腿繼續屈膝下蹲，左腳以腳跟內側沿地面向左前方擦出，腳尖朝斜上方；兩前臂繼續合勁，左掌於右上臂內側，掌心斜向外，指尖斜朝上。右拳沿左前臂合勁於左肘下，拳心朝下，目視右拳（圖 7-59）。

4. 馬步分臂

身體重心左移，左腳尖內扣落地，腿屈成左偏馬步；上體微向左轉，兩手（左掌、右拳）沿兩膝前分別向前、向左右、向上分展成下舉，左掌心向外，右拳心向後，目視右拳（圖 7-60）。

圖 7-60　　　　　　　　　　圖 7-61

5. 轉身旋臂

身體重心右移成右偏馬步；上體右轉，右臂屈肘，右拳外旋向上、向左、向下收於胸前，拳眼向外。左臂微屈，向上同肩高時外旋，向前畫弧置於左肩前，掌心向上，拇指和食指伸直，其餘三指彎曲，目視左手（圖 7-61）。

6. 弓步發拳

身體右轉後急促左轉，隨之重心左移成左弓步，右腿微屈；左手快速收於左腹前，手心輕貼左腹，右拳隨轉體後拉蓄勁內旋經左臂上向左前方急促發出，拳同肩高，臂微屈，拳心向下，目視右拳方向（圖 7-62）。

【要點】：此動作要體現出捲放勁。兩臂屈肘，兩手外旋合於胸前，與鬆腰沉胯、含胸拔背要協調一致，以形成周身完整的合勁。發拳時應將周身的蓄勁由肩、臂迅速達於拳面，而後迅速制動，表現出脆快的冷彈勁。正如拳論所說：「蓄勁如張弓，發勁似射箭」「曲中求直」「蓄而後發」，體現了剛柔相濟、快慢相兼的技術特點。

圖 7-62

（九）右單鞭

1. 馬步分掌

身體重心移向右腿，右腳以前掌為軸，腳跟微離地面向左碾轉約 30°，右膝屈蹲支撐重心，左腿蹬伸、提腳向左前橫跨落地成右橫弓步；兩手變掌，兩臂同時由胸前內旋翻掌，向後、向內

圖 7-63

畫弧屈臂，兩掌置於兩耳下，掌心斜向上，指尖斜朝後，目視右前方（圖 7-63）。

圖 7-64

圖 6-65

2. 虛步按掌

身體左轉，重心全部移至左腿並屈膝，右腳向左腳內側收步，屈膝外展，腳前掌著地，兩腳相距 20 公分成右虛步；兩掌合勁向左下方按至左胯旁，兩臂微屈，虎口斜相對，掌心斜向下，目視兩手方向（圖 7-64）。

3. 轉腰錯掌

身體微左轉，右掌微內旋，向左前方橫掌推出，右臂屈於體左前側，掌心向下，左掌外旋、手心向上與右掌心相對錯掌，向後屈肘收於右前臂內下方，目視右掌方向（圖 7-65）。

圖 6-66   圖 6-67

4. 轉腰提勾

　　上體右轉，右手外旋，掌心翻向上，左手內旋成勾經掌心向左前上方出勾上提，腕稍低於肩，勾尖朝斜下方，臂微屈，右掌屈臂收於腰前，目視左勾方向（圖 7-66）。

5. 屈膝擦步

　　身體重心全部移至左腿並屈膝下蹲，右腳提起以腳跟內側貼地面向右擦出一步，腳尖翹起朝前上方；左勾繼續向左上提於左肩左前上方，臂微屈，右掌微下沉，目視右腳方向（圖 7-67、68）。

圖 6-68

6. 轉腰穿掌

右腳尖落地踏實，左腿蹬伸，使重心移向右腿並屈膝成右偏馬步；兩手臂微微沉展，目視左手方向（圖 7-69）。重心再移向左腿成左偏馬步，上體微左轉，右掌向左、向上穿於左肘內下方，掌心仍向上，指尖朝左上方，目視右掌（圖 7-70）。

7. 馬步立掌

身體重心移向右腿並屈蹲成右偏馬步；上體微右轉，隨之右掌內旋，掌心轉向下並繼續向上、向右經面前畫弧橫掌於右肩右前方，目視右掌（圖 7-71）。上體鬆腰鬆胯，使身體重心下沉，上體微左轉（胸向起勢方向）。兩臂沉肩墜肘、展腕，右掌沉腕外旋，由橫掌轉為立掌於右側方，腕稍

圖 6-69

圖 6-70

圖 7-71

圖 7-72

低於肩，掌指斜向上，掌心斜向前，目視右掌方向（圖7-72）。

【要點】：身體左右轉動，帶動兩手上、下翻轉纏一小圈，與左手勾弧形上提要分別體現纏絲、抽絲的內勁。定勢動作要鬆肩墜肘，沉腕、鬆腰沉胯、斂臀，目的是要引氣下沉。

（十）左金雞獨立

1. 扣腳擺掌

身體重心移向左腿並屈膝，右腿自然伸直並右腳尖內扣；上體左轉，隨之左勾變掌並內旋，向下、向左畫弧擺於左前側，稍低於肩，掌心向外，指尖朝右斜前方；右掌外旋，向下、向左屈臂、屈腕畫弧擺掌於腰前，掌心向左前，指尖朝斜前下方，目視右掌（圖7-73）。

圖7-73

2. 擺腳擺掌

身體重心移向右腿並屈蹲，左腿微屈併腳尖外擺；上體右轉，隨之左掌向左畫弧，當左臂即將伸展時臂外旋向上、向左畫弧屈臂、屈

圖7-74

腕擺於左肩左前方，左掌心向左前方，指尖斜朝左。右掌向左、向下畫弧擺掌於左腹前時手臂內旋，向上經左肩前向右上擺掌於右肩前方，稍高於肩，掌心向前，指尖朝左，目視左手方向（圖7-74）。

3. 收腳收掌

重心全部移至左腿並屈蹲，身體左轉（朝運動方向的正前方），右腳前掌擦地收於左腳內側，前腳掌著地；左掌隨身體左轉屈臂，向上、向右、向下內旋畫弧，蓋掌於右腰部前方，掌心向下，指尖朝右；左掌向右、向下、向裡畫弧屈臂收於右胯側，小指側輕貼身體，掌心向上，指尖朝前，目視左掌（圖7-75）。

圖 7-75

4. 提膝穿掌

身體微左轉（面對運動路線前方），左腿蹬伸並屈膝支撐重心，右腿屈膝提起，膝同腹高，腳尖自然下垂；左掌向下蓋經右腰前，右掌屈肘外旋，沿體前中線上穿於面前，掌心斜向右後方，指尖朝上，目視右掌（圖7-76）。左腿向上自然微屈伸起，右膝向上提起同腰高，腳尖自然下垂；左右手臂上下對拉伸展，臂微屈，左掌於左胯

圖 7-76

側，掌心向後下方，指尖朝斜前下方；右掌經面前時內旋上穿於頭右側上方，掌心向外，指尖朝上，目平視前方（圖

7-77）。

【要點】：此動作一手上穿，一手下按要協調一致，並要上下對拉，這是拳論「對把拉長」的特點，同時也加強獨立平衡的穩定性。

圖 7-77

（十一）右金雞獨立

1. 踏腳按掌

左腿屈膝下蹲，右腳下落，在左腳內側輕輕踏地，兩腳相距約 20 公分；右掌隨右腳下踏按於胯前，左掌稍抬起與右掌同時下按於胯前，兩掌指尖均向前，掌心均朝下，目視右掌方向（圖 7-78）。

2. 擦腳擺掌

上體微右轉，重心稍移向右腿，隨之兩掌隨轉體向下、向右畫弧。上體左轉，重心移至左腿並繼續下蹲支撐重心，右腳提

圖 7-78

起，腳尖上翹以腳跟內側貼地向右擦出；兩臂微屈，左掌內旋，右掌外旋，兩掌向前、向左、向上畫弧擺掌，左掌於身體左前方，腕同肩高，掌心向

圖 7-79

圖 7-80

左前方,指尖朝右前方,右掌於胸前,掌心向左前方,指尖朝右前方,目視右掌方向(圖 7-79)。

3. 收腳收掌

重心全部移至右腿並屈蹲,上體微左轉後右轉,隨之左腳收於右腳內側,腳尖點地,左腿屈膝;左掌向左、向後、向下、向右畫弧收於左胯側,掌心向上,指尖朝前,右掌向左內旋、向下畫弧按於左胸前成橫掌,掌心向下,指尖朝左,目視右掌(圖 7-80)。

4. 提膝穿掌

身體微右轉(胸向運動的前方),右腿蹬伸並屈膝支撐重心,左腿屈膝提起,膝約同腹高,腳尖自然下垂;右掌向下蓋壓於左腰前,左掌屈肘外旋、沿體前中線從右前臂內側

圖 7-81

圖 7-82

上穿於面前，掌心斜向左後方，指尖朝上，目視左掌（圖
7-81）。右腿向上自然伸起微屈，左膝向上提起同腰高，腳
尖自然下垂；左右臂上下對拉伸展，臂微屈，左掌經面前時
內旋上穿於頭左側上方，掌心向外，指尖朝上，右掌於右胯
側，掌心向後下方，指尖朝斜前下方，目平視前方（圖 7-
82）。

【要點】：同左金雞獨立，惟左右對稱，動作相反。

（十二）左倒捲肱

1. 落腳穿掌

身體重心下降，右腿屈膝下蹲，左腳落於右腿左後方，
腳跟著地；左手下落於胸前時，右手向前上經左前臂內側穿
出，兩前臂似交叉狀；左腳尖下落踏實成右偏馬步，左手下

圖 7-83

圖 7-84

落於腹前，右手經左前臂向
上、向前穿出並內旋，掌心轉
向外，指尖朝左前上方。左掌
於左腹前，掌心向下，指尖朝
右，目視右掌方向（圖 7-
83、84）。

2. 馬步分掌

身體左轉，左手隨體轉向
下、向左、向上畫弧外旋於左
前方，腕同肩高，掌心翻向
上，指尖朝左前方；右手向右

圖 7-85

前伸展，外旋掌心翻向上，腕同肩高，指尖朝右前方；重心
微移向左腿，仍為右偏馬步，目視左掌方向（圖 7-85）。

圖 7-86　　　　　　　圖 7-87

3. 退步捲肱

　　身體右轉，重心移至左腿並屈膝半蹲，右腿蹬伸，右腳前掌擦地，向左腳內收成右高虛步於左腳右前方，腳跟微提起；兩臂內旋，掌心翻向下，左臂屈肘，左掌收於左耳下，掌心向右前，指尖朝後，右掌心翻向下，指尖朝前上方，目視右掌（圖7-86）。右腳繼續經左腳內側向右斜後方擦腳落地並屈蹲成左偏馬步；身體右轉，左手橫掌，向左前從右臂上展臂推出，腕稍高於肩，掌心斜向外，指尖斜朝右，右手隨體轉向下、向右畫弧於右腹前，掌心向下，指尖朝左，目視左掌方向（圖7-87）。

　　【要點】：

　　1.分動之間要連貫。

　　2.退步與捲肱動作要協調，連貫一致。

（十三）右倒捲肱

1. 馬步分掌

身體右轉，右手隨體轉向下、向右、向上畫弧，外旋於右前方，腕同肩高，掌心翻向上，指尖朝右前方。左手向左前伸展外旋，手心翻向上，腕同肩高，指尖朝左前方；重心微移向右腿，仍為左偏馬步，目視右掌方向（圖7-88）。

圖 7-88

2. 退步捲肱

身體左轉，重心移至右腿並屈蹲，左腿蹬伸並微屈，左腳前掌擦地，向右腳內收成左高虛步於右腳左前方，腳跟微提起。兩臂內旋，掌心翻向下，右臂屈肘，右掌收於右耳下，掌心向左前方，指尖朝後；左掌心翻向下，指尖朝前上方，

圖 7-89

目視左掌方向（圖7-89）。左腳經右腳內側向左斜後方擦腳落地並屈蹲成右偏馬步，身體左轉，隨之右手橫掌，向右

圖 7-90　　　　　　圖 7-91

前從左臂上展臂推出，腕稍高於肩，掌心斜向外，指尖斜朝左，左手隨體轉向下、向左畫弧於左腹前，掌心向下，指尖朝右，目視右掌方向（圖7-90）。

【要點】：同左倒捲肱。

（十四）左倒捲肱

1. 馬步分掌

身體左轉，左手隨體轉向下、向左、向上畫弧外旋於左前方，腕同肩高，掌心翻向上，指尖朝左前方，右手向右前伸展，外旋手心翻向上，腕同肩高，指尖朝右前方；重心微移向左腿，仍為右偏馬步，目視左掌方向（圖7-91）。

圖 7-92

圖 7-93

2. 退步捲肱

身體右轉，重心移至左腿並屈膝半蹲，右腿蹬伸微屈，右腳前掌擦地，向左腳內收成右高虛步於左腳右前方，腳跟微提起；兩臂內旋，掌心翻向下，左臂屈肘，左掌收於左耳下，掌心向右前，指尖朝後，右掌心翻向下，指尖朝前上方，目視右掌（圖 7-92）。右腳經左腳內側向右斜後方擦腳落地並屈蹲成左偏馬步，身體右轉，左手橫掌，向左前從右臂上展臂推出，腕稍高於肩，掌心斜向外，指尖斜朝右，右手隨體轉向下、向右畫弧於右腹前，掌心向下，指尖朝左，目視左掌方向（圖 7-93）。

【要點】：同前左倒捲肱。

圖 7-94　　　　　　　　　　圖 7-95

（十五）右野馬分鬃

1. 轉身撩掌

　　左腳尖內扣，左腿蹬伸，身體重心移向右腿屈蹲；身體右轉，隨之右手向右、向上畫弧屈臂於右肩前上方，掌心向外，指尖朝左；左手屈臂、屈腕外旋，向上、向右畫弧於腰左前側，掌心向前，指尖朝左，目視左方（圖 7-94）。右腿蹬伸，重心移向左腿並屈膝半蹲，右腿屈膝，以前腳掌擦地，內收於左腳右前方成高虛步；身體右後轉（胸向回折運動路線的前方），右掌向上、向右畫弧於右肩右前上方，掌心向右，指尖朝前上方；左掌向下、向前畫弧外旋撩掌於腹前約 30 公分處，臂微屈，掌心向前上方，指尖朝前下方，目視左掌方向（圖 7-95）。

2. 提膝托掌

身體重心全部移至左腿並屈蹲，右腿屈膝提起，膝同腹高，腳尖翹起；上體微左轉，左掌內旋屈臂向上、向後畫弧於頭左側約 20 公分處，掌心向外，指尖朝右前方；右手屈臂向後、向下、向左畫弧經右大腿外側向上托起於右膝前上方，掌心向上，指尖朝右前方，目視右掌方向（圖 7-96）。

圖 7-96

3. 馬步穿掌

左腿屈蹲，右腳以腳跟內側落地向右前擦出，腳尖斜向上。重心移向右腿，右腳尖落地踏實，膝屈蹲成右偏馬步；隨重心右移，右掌向右前方穿出，右臂稍屈肘，掌低於右肩，掌心向上，指尖仍朝右前方，左掌屈臂向左、向下畫弧，伸展

圖 7-97

於左肩前上方，掌心向外，指尖稍高於肩，目視右掌（圖 7-97、98）。

圖 7-98

圖 7-99

【要點】：

1.野馬分鬃步型為偏馬步。

2.兩手臂分別向左右分展，後手高於前手。

（十六）左野馬分鬃

1. 擺腳翻掌

左腿繼續蹬伸，身體重心移向右腿，右腳尖外擺落地，右膝外展；身體右轉，右手內旋翻掌，掌心向右前下，指尖朝右前上方；左掌向左、向下畫弧下落於腰左側，掌心向左下方，指尖朝左上方，目視右掌（圖7-99）。

圖 7-100

2. 提膝托掌

　　左腿蹬伸，重心全部移至右腿並屈蹲，隨即左腿屈膝提起，膝同腹高，腳尖自然下垂；身體右轉，隨轉體右手內旋，向上、向右、向下屈臂畫弧於右肩前上方，腕同肩高，掌心向外，指尖朝右前上方稍高於肩，左手向下外旋，經左大腿外側向右、向上屈臂，托掌於左膝前上方，掌心向上，指尖朝左前方，目視左掌（圖 7-100）。

3. 馬步穿掌

　　右腿屈蹲，左腳以腳跟內側落地向左前擦出，腳尖斜向上；重心移向左腿，左腳尖落地踏實，膝屈蹲成左偏馬步；隨重心左移，左掌向左前方穿出，左臂微屈肘，掌低於肩，掌心向上，指尖仍向左前方；右掌屈臂向右、向下畫弧

圖 7-101

圖 7-102

伸展於右肩前上方，掌心向外，指尖稍高於肩，目視左掌
（圖 7-101、102）。

　　【要點】：同右野馬分鬃。

圖 7-103　　　　　　　　　圖 7-104

（十七）左掩手肱捶

1. 提膝握拳

左腿蹬伸微屈，身體重心移向右腿並屈膝；上體右轉，左手臂伸展並微外旋，右手隨之向右展臂伸延，目視左掌（圖 7-103）。左腳蹬地，左腿快速屈膝提起，膝同腰高，腳尖自然下垂；右腿蹬伸、微屈，向左碾轉後支撐重心；上體急促用勁向左撐轉，帶動左手握拳快速屈臂向上、向右、向下，右掌快速屈臂向上、向下相合於胸前，右臂在上，右掌撫貼於左前臂上，指尖朝左；左拳拳心朝下，目視左前下方（圖 7-104）。

圖 7-105

圖 7-106

2. 踏腳栽拳

右腿屈膝，左腳尖微上翹，平腳掌下踏震腳於右腳內側，右腿屈膝半蹲，隨即屈膝提起，身體左轉，兩臂合勁使左拳下栽，拳面向下，右掌仍附於左前臂上，指尖斜朝上，目視左拳方向（圖 7-105）。

3. 擦腳合臂

左腿屈膝下蹲，右腳以腳跟內側沿地面向左前方擦出，腳尖斜朝上；兩前臂繼續合勁，右掌於左上臂內側，掌心斜向外，指尖斜朝上。左拳沿右前臂合勁於右肘下，拳心朝下，目視左拳（圖 7-106）。

圖 7-107

圖 7-108

4. 馬步分手

身體重心右移，右腳尖內扣落地，腿屈蹲成右偏馬步；同時上體微向右轉，兩手（右掌、左拳）沿兩膝前分別向前上分展成側舉，右掌心向外，左拳心向後，目視左拳（圖7-107）。

5. 轉腰旋臂

身體重心左移成左偏馬步，上體左轉，左臂屈肘，左拳外旋，向上、向左、向下收於胸前，拳眼向外；右臂屈肘，右掌向右外旋，向上、向左、向下畫弧置於右肩前，掌心向上，拇指和食指伸直，其餘三指彎曲，目視右手（圖7-108）。

6. 弓步發拳

身體左轉後急促右轉，重心迅速右移成右弓步，左腿微屈；右手快速收於右腹前，手心輕貼右腹；左拳隨轉體後拉

圖 7-109　　　　　　　圖 7-110

蓄勁，然後內旋經右臂上向左前方急促發出，拳同肩高，臂微屈，拳心向下，目視左拳（圖 7-109）。

【要點】：同右掩手肱捶。

（十八）左單鞭

1. 馬步分掌

身體重心移向左腿，左腳以前掌為軸，腳跟微離地面，向右碾轉約 30°，左膝屈蹲支撐重心，右腿蹬伸，提腳向右前橫跨落地成左橫弓步；兩手變掌，兩臂同時由胸前內旋翻掌，向後、向內畫弧，兩掌置於兩耳下，掌心斜向上，指尖斜朝後，目視左前方（圖 7-110）。

2. 虛步按掌

身體右轉，重心全部移至右腿並屈蹲，左腳收於右腳內側，屈膝外展，腳尖點地，兩腳相距約20公分成虛步；兩掌合勁，向右下方按至右胯旁，兩臂微屈，虎口斜相對，掌心斜向下，目視兩手方向（圖7-111）。

圖 7-111

3. 轉腰錯掌

身體微右轉，左掌微內旋，向右前方橫掌推出，左臂屈於體右前側，掌心向下。右掌外旋，手心向上，與左掌心相對錯掌，向後屈肘收於左前臂內下方，目視左掌方向（圖7 112）。

圖 7-112

4. 轉腰提勾

上體左轉，右手外旋，掌心翻向上再內旋成勾，經左掌心上向右前上方出勾上提，腕稍低於肩，勾尖朝斜下方，臂微屈。左掌屈臂收於腹

圖 7–113

圖 7–114

前，目視右勾方向
（圖7–113）。

5. 屈膝擦步

身體重心全部
移至右腿並屈膝下
蹲，左腳提起，以
腳跟內側貼地面向
左擦出一步，腳尖
翹起朝前上方；右
勾向右上提於右肩

圖 7–115

右前上方，臂微屈，左掌微下沉，目視左腳方向（圖7–
114、115）。

圖 7-116

圖 7-117

6.轉腰穿掌

左腳尖落地踏實，右腿蹬伸，重心移向左腿並屈膝成左偏馬步，兩臂微微沉展，目視右手方向（圖7-116）。重心再移向右腿成右偏馬步；上體微右轉，左掌向右、向上穿於右肘內下方，掌心仍向上，指尖朝右，目視左掌（圖7-117）。

圖 7-118

7.馬步立掌

身體重心移向左腿並屈蹲成左偏馬步；上體微左轉，隨之左掌內旋，掌心轉向下並繼續向上、向左經面前畫弧橫掌於左肩左前方，目視左掌（圖7-118）。上體鬆腰鬆胯，身

體重心下沉；上體微右轉
（胸向起式方向），兩臂
沉肩墜肘，展腕，左掌沉
腕外旋，由橫掌轉為立掌
於左側方，腕稍低於肩，
掌指斜向上，掌心斜向
前，目視左掌方向（圖
7-119）。

圖 7-119

【要點】：同右單
鞭。

（十九）收　式

1. 虛步撩掌

圖 7-120

左腿蹬伸，身體重心全部移至右
腿並屈蹲，身體微右轉（胸朝起式方
向），左腳經右腳內側向前上一步，
腳尖點地成左虛步；左手向下、向右
畫弧外旋，經左胯旁向前撩至左腹
前，掌心斜向上，指尖斜朝下；右手
勾變掌向前、向左畫弧內旋，向下合
扶於左前臂上，掌心向下，指尖朝
左，目視左掌方向（圖 7-120）。

2. 舉拳提膝

左掌變拳，屈臂上舉至與下頦同高，拳心向內。右掌外

圖 7-121　　　　　圖 7-122　　　　　圖 7-123

旋，掌心向上，掌背下壓落於腹前，指尖朝左；左腿屈膝提
起同腰高，腳尖自然下垂，目視左拳（圖 7-121）。

3. 踏腳砸拳

右腿屈蹲，左腳全腳掌踏地震腳，兩腳平行，相距約
20 公分；左拳落砸於右掌心內，拳心朝上，目視前下方
（圖 7-122）。

4. 屈蹲托拳

身體重心移至兩腿之間成屈蹲，右掌托左拳向上至胸
前，目視左拳（圖 7-123）。

5. 落掌開立

兩腿微伸起，左拳變掌，兩掌同時內旋立掌，掌心均向

圖 7-124　　　　　　圖 7-125　　　　　　圖 7-126

外，兩腕相搭，右掌在外成十字手，目視兩掌之間（圖7-
124）。兩腿伸起，兩臂內旋，掌心均斜向下，兩手臂慢慢
下落於身體兩側，自然伸直，目平視前方（圖7-125）。

6. 併腳直立

身體重心全部移至右腿，左腳緩緩抬起，向右腳併攏直
立，重心放於兩腿之間，目仍平視前方（圖7-126）。

【要點】：

1.「虛步撩掌」時，左腳向前上成虛步與兩臂相合撩掌
要協同一致；

2.「舉拳提膝」時，左臂舉拳與左膝上提要有相繫相吸
之意；

3.「踏腳砸拳」時，左拳砸擊與左腳踏震動作要協調一
致，左腳踏震時要屈膝鬆胯，全腳掌著地，氣沉丹田；

4.「屈蹲托拳」至「併步直立」，動作要沉穩，緩慢，精神收斂，勁力要貫徹始終，呼吸要自然。

附　錄

一、十三勢行功歌

十三總勢莫輕視，命意源頭在腰隙。

變轉虛實須留神，氣遍身軀不稍滯。

靜中觸動動猶靜，因敵變化示神奇。

勢勢存心揆用意，得來不覺費功夫。

刻刻留心在腰間，腹內鬆靜氣騰然。

尾閭正中神貫頂，滿身輕利頂頭懸。

仔細留心向推求，屈伸開合聽自由。

入門引路須口授，功用無息法自休。

若言體用何為準，意氣君來骨肉臣。

詳推用意終何在，益壽延年不老春。

歌兮歌兮百四十，字字真切義無疑。

若不向此推求去，枉費功夫遺嘆惜。

二、十三勢說略

　　每一動，惟手先著力，隨即鬆開。猶須貫串一氣，不外起、承、轉、合，始而意動，既而勁力。轉接要一線串成。氣宜鼓蕩，神宜內斂，勿使有缺陷處，勿使有凹凸處，勿使有斷續處。其根在腳，發於腿，主宰於腰，形於手指。由腳、而腿、而腰，總須完整一氣。向前、退後，乃能得機得勢。有不得機、得勢處，身便散亂，必至偏倚，其病必於腰腿求之。上下前後左右皆然，凡此皆是意，不是外面。有上即有下，有前即有後，有左即有右，若物將掀起，而加挫之力，斯其根自斷，乃壞之速而無疑。虛實宜分清楚，一處自有一處虛實，處處總此一虛實。周身節節貫串，勿令絲毫間斷。

三、陳式太極拳十三勢動作路線示意圖

左金雞獨立、右金雞獨立

左倒捲肱 → 右倒捲肱 → 左倒捲肱 → 右野馬分鬃 → 左野馬分鬃 → 轉身單鞭手 → 左單鞭 → 收式

起式 → 右攬扎衣 → 左攬扎衣 → 左雲手 → 右雲手 → 左拍腳 → 右拍腳 → 右掩手肱捶

大展出版社有限公司
品冠文化出版社

圖書目錄

地址：台北市北投區（石牌）　　電話：(02)28236031
　　　致遠一路二段 12 巷 1 號　　　　　28236033
郵撥：01669551＜大展＞　　　　　　　28233123
　　　19346241＜品冠＞　　　　傳眞：(02)28272069

・少 年 偵 探・品冠編號 66

1.	怪盜二十面相	（精）	江戶川亂步著	特價	189 元
2.	少年偵探團	（精）	江戶川亂步著	特價	189 元
3.	妖怪博士	（精）	江戶川亂步著	特價	189 元
4.	大金塊	（精）	江戶川亂步著	特價	230 元
5.	青銅魔人	（精）	江戶川亂步著	特價	230 元
6.	地底魔術王	（精）	江戶川亂步著	特價	230 元
7.	透明怪人	（精）	江戶川亂步著	特價	230 元
8.	怪人四十面相	（精）	江戶川亂步著	特價	230 元
9.	宇宙怪人	（精）	江戶川亂步著	特價	230 元
10.	恐怖的鐵塔王國	（精）	江戶川亂步著	特價	230 元
11.	灰色巨人	（精）	江戶川亂步著	特價	230 元
12.	海底魔術師	（精）	江戶川亂步著	特價	230 元
13.	黃金豹	（精）	江戶川亂步著	特價	230 元
14.	魔法博士	（精）	江戶川亂步著	特價	230 元
15.	馬戲怪人	（精）	江戶川亂步著	特價	230 元
16.	魔人銅鑼	（精）	江戶川亂步著	特價	230 元
17.	魔法人偶	（精）	江戶川亂步著	特價	230 元
18.	奇面城的秘密	（精）	江戶川亂步著	特價	230 元
19.	夜光人	（精）	江戶川亂步著	特價	230 元
20.	塔上的魔術師	（精）	江戶川亂步著	特價	230 元
21.	鐵人Ｑ	（精）	江戶川亂步著	特價	230 元
22.	假面恐怖王	（精）	江戶川亂步著	特價	230 元
23.	電人Ｍ	（精）	江戶川亂步著	特價	230 元
24.	二十面相的詛咒	（精）	江戶川亂步著	特價	230 元
25.	飛天二十面相	（精）	江戶川亂步著	特價	230 元
26.	黃金怪獸	（精）	江戶川亂步著	特價	230 元

・生 活 廣 場・品冠編號 61

1.	366 天誕生星	李芳黛譯	280 元
2.	366 天誕生花與誕生石	李芳黛譯	280 元
3.	科學命相	淺野八郎著	220 元

4.	已知的他界科學	陳蒼杰譯	220 元
5.	開拓未來的他界科學	陳蒼杰譯	220 元
6.	世紀末變態心理犯罪檔案	沈永嘉譯	240 元
7.	366 天開運年鑑	林廷宇編著	230 元
8.	色彩學與你	野村順一著	230 元
9.	科學手相	淺野八郎著	230 元
10.	你也能成為戀愛高手	柯富陽編著	220 元
11.	血型與十二星座	許淑瑛編著	230 元
12.	動物測驗—人性現形	淺野八郎著	200 元
13.	愛情、幸福完全自測	淺野八郎著	200 元
14.	輕鬆攻佔女性	趙奕世編著	230 元
15.	解讀命運密碼	郭宗德著	200 元
16.	由客家了解亞洲	高木桂藏著	220 元

・女醫師系列・品冠編號 62

1.	子宮內膜症	國府田清子著	200 元
2.	子宮肌瘤	黑島淳子著	200 元
3.	上班女性的壓力症候群	池下育子著	200 元
4.	漏尿、尿失禁	中田真木著	200 元
5.	高齡生產	大鷹美子著	200 元
6.	子宮癌	上坊敏子著	200 元
7.	避孕	早乙女智子著	200 元
8.	不孕症	中村春根著	200 元
9.	生理痛與生理不順	堀口雅子著	200 元
10.	更年期	野末悅子著	200 元

・傳統民俗療法・品冠編號 63

1.	神奇刀療法	潘文雄著	200 元
2.	神奇拍打療法	安在峰著	200 元
3.	神奇拔罐療法	安在峰著	200 元
4.	神奇艾灸療法	安在峰著	200 元
5.	神奇貼敷療法	安在峰著	200 元
6.	神奇薰洗療法	安在峰著	200 元
7.	神奇耳穴療法	安在峰著	200 元
8.	神奇指針療法	安在峰著	200 元
9.	神奇藥酒療法	安在峰著	200 元
10.	神奇藥茶療法	安在峰著	200 元
11.	神奇推拿療法	張貴荷著	200 元
12.	神奇止痛療法	漆浩著	200 元

・常見病藥膳調養叢書・品冠編號 631

1.	脂肪肝四季飲食			蕭守貴著	200 元
2.	高血壓四季飲食			秦玖剛著	200 元
3.	慢性腎炎四季飲食			魏從強著	200 元
4.	高脂血症四季飲食			薛輝著	200 元
5.	慢性胃炎四季飲食			馬秉祥著	200 元
6.	糖尿病四季飲食			王耀獻著	200 元
7.	癌症四季飲食			李忠著	200 元

・彩色圖解保健・品冠編號 64

1.	瘦身	主婦之友社	300 元
2.	腰痛	主婦之友社	300 元
3.	肩膀痠痛	主婦之友社	300 元
4.	腰、膝、腳的疼痛	主婦之友社	300 元
5.	壓力、精神疲勞	主婦之友社	300 元
6.	眼睛疲勞、視力減退	主婦之友社	300 元

・心 想 事 成・品冠編號 65

1.	魔法愛情點心	結城莫拉著	120 元
2.	可愛手工飾品	結城莫拉著	120 元
3.	可愛打扮 & 髮型	結城莫拉著	120 元
4.	撲克牌算命	結城莫拉著	120 元

・熱 門 新 知・品冠編號 67

1.	圖解基因與 DNA	（精）	中原英臣 主編	230 元
2.	圖解人體的神奇	（精）	米山公啟 主編	230 元
3.	圖解腦與心的構造	（精）	永田和哉 主編	230 元
4.	圖解科學的神奇	（精）	鳥海光弘 主編	230 元
5.	圖解數學的神奇	（精）	柳 谷 晃 著	250 元
6.	圖解基因操作	（精）	海老原充 主編	230 元
7.	圖解後基因組	（精）	才園哲人 著	230 元

・法律專欄連載・大展編號 58

台大法學院　　　　法律學系／策劃
法律服務社／編著

1.	別讓您的權利睡著了(1)	200 元
2.	別讓您的權利睡著了(2)	200 元

・武 術 特 輯・大展編號 10

1.	陳式太極拳入門	馮志強編著	180 元

4

46. <珍貴本>陳式太極拳精選　　　　馮志強著　280元
47. 武當趙保太極拳小架　　　　　　鄭悟清傳授　250元
48. 太極拳習練知識問答　　　　　　邱丕相主編　220元
49. 八法拳　八法槍　　　　　　　　武世俊著　220元
50. 地趟拳＋VCD　　　　　　　　張憲政著　350元
51. 四十八式太極拳＋VCD　　　　楊　靜演示　400元
52. 三十二式太極劍＋VCD　　　　楊　靜演示　350元
53. 隨曲就伸　中國太極拳名家對話錄　余功保著　300元
54. 陳式太極拳五動八法十三勢　　　闞桂香著　200元

·彩色圖解太極武術· 大展編號 102

1. 太極功夫扇　　　　　　　　　　李德印編著　220元
2. 武當太極劍　　　　　　　　　　李德印編著　220元
3. 楊式太極劍　　　　　　　　　　李德印編著　220元
4. 楊式太極刀　　　　　　　　　　王志遠著　220元
5. 二十四式太極拳(楊式)＋VCD　李德印編著　350元
6. 三十二式太極劍(楊式)＋VCD　李德印編著　350元
7. 四十二式太極劍＋VCD　　　　李德印編著
8. 四十二式太極拳＋VCD　　　　李德印編著

·國際武術競賽套路· 大展編號 103

1. 長拳　　　　　　　　　　　　　李巧玲執筆　220元
2. 劍術　　　　　　　　　　　　　程慧琨執筆　220元
3. 刀術　　　　　　　　　　　　　劉同為執筆　220元
4. 槍術　　　　　　　　　　　　　張躍寧執筆　220元
5. 棍術　　　　　　　　　　　　　殷玉柱執筆　220元

·簡化太極拳· 大展編號 104

1. 陳式太極拳十三式　　　　　　　陳正雷編著　200元
2. 楊式太極拳十三式　　　　　　　楊振鐸編著　200元
3. 吳式太極拳十三式　　　　　　　李秉慈編著　200元
4. 武式太極拳十三式　　　　　　　喬松茂編著　200元
5. 孫式太極拳十三式　　　　　　　孫劍雲編著　200元
6. 趙堡式太極拳十三式　　　　　　王海洲編著　200元

·中國當代太極拳名家名著· 大展編號 106

1. 太極拳規範教程　　　　　　　　李德印著　550元
2. 吳式太極拳詮真　　　　　　　　王培生著　500元
3. 武式太極拳詮真　　　　　　　　喬松茂著

・名師出高徒・ 大展編號 111

1.	武術基本功與基本動作	劉玉萍編著	200 元
2.	長拳入門與精進	吳彬等著	220 元
3.	劍術刀術入門與精進	楊柏龍等著	220 元
4.	棍術、槍術入門與精進	邱丕相編著	220 元
5.	南拳入門與精進	朱瑞琪編著	220 元
6.	散手入門與精進	張山等著	220 元
7.	太極拳入門與精進	李德印編著	280 元
8.	太極推手入門與精進	田金龍編著	220 元

・實用武術技擊・ 大展編號 112

1.	實用自衛拳法	溫佐惠著	250 元
2.	搏擊術精選	陳清山等著	220 元
3.	秘傳防身絕技	程崑彬著	230 元
4.	振藩截拳道入門	陳琦平著	220 元
5.	實用擒拿法	韓建中著	220 元
6.	擒拿反擒拿 88 法	韓建中著	250 元
7.	武當秘門技擊術入門篇	高翔著	250 元
8.	武當秘門技擊術絕技篇	高翔著	250 元

・中國武術規定套路・ 大展編號 113

1.	螳螂拳	中國武術系列	300 元
2.	劈掛拳	規定套路編寫組	300 元
3.	八極拳	國家體育總局	250 元

・中華傳統武術・ 大展編號 114

1.	中華古今兵械圖考	裴錫榮主編	280 元
2.	武當劍	陳湘陵編著	200 元
3.	梁派八卦掌（老八掌）	李子鳴遺著	220 元
4.	少林 72 藝與武當 36 功	裴錫榮主編	230 元
5.	三十六把擒拿	佐藤金兵衛主編	200 元
6.	武當太極拳與盤手 20 法	裴錫榮主編	220 元

・少 林 功 夫・ 大展編號 115

1.	少林打擂秘訣	德虔、素法編著	300 元
2.	少林三大名拳 炮拳、大洪拳、六合拳	門惠豐等著	200 元
3.	少林三絕 氣功、點穴、擒拿	德虔編著	300 元
4.	少林怪兵器秘傳	素法等著	250 元
5.	少林護身暗器秘傳	素法等著	220 元

6.	少林金剛硬氣功	楊維編著	250 元
7.	少林棍法大全	德虔、素法編著	250 元
8.	少林看家拳	德虔、素法編著	250 元
9.	少林正宗七十二藝	德虔、素法編著	280 元
10.	少林瘋魔棍闡宗	馬德著	250 元

·原地太極拳系列· 大展編號 11

1.	原地綜合太極拳 24 式	胡啟賢創編	220 元
2.	原地活步太極拳 42 式	胡啟賢創編	200 元
3.	原地簡化太極拳 24 式	胡啟賢創編	200 元
4.	原地太極拳 12 式	胡啟賢創編	200 元
5.	原地青少年太極拳 22 式	胡啟賢創編	220 元

·道 學 文 化· 大展編號 12

1.	道在養生：道教長壽術	郝勤等著	250 元
2.	龍虎丹道：道教內丹術	郝勤著	300 元
3.	天上人間：道教神仙譜系	黃德海著	250 元
4.	步罡踏斗：道教祭禮儀典	張澤洪著	250 元
5.	道醫窺秘：道教醫學康復術	王慶餘等著	250 元
6.	勸善成仙：道教生命倫理	李剛著	250 元
7.	洞天福地：道教宮觀勝境	沙銘壽著	250 元
8.	青詞碧簫：道教文學藝術	楊光文等著	250 元
9.	沈博絕麗：道教格言精粹	朱耕發等著	250 元

·易 學 智 慧· 大展編號 122

1.	易學與管理	余敦康主編	250 元
2.	易學與養生	劉長林等著	300 元
3.	易學與美學	劉綱紀等著	300 元
4.	易學與科技	董光壁著	280 元
5.	易學與建築	韓增祿著	280 元
6.	易學源流	鄭萬耕著	280 元
7.	易學的思維	傅雲龍等著	250 元
8.	周易與易圖	李申著	250 元
9.	中國佛教與周易	王仲堯著	350 元
10.	易學與儒學	任俊華著	350 元
11.	易學與道教符號揭秘	詹石窗著	350 元

·神 算 大 師· 大展編號 123

| 1. | 劉伯溫神算兵法 | 應涵編著 | 280 元 |
| 2. | 姜太公神算兵法 | 應涵編著 | 280 元 |

| 3. 鬼谷子神算兵法 | 應涵編著 | 280 元 |
| 4. 諸葛亮神算兵法 | 應涵編著 | 280 元 |

・秘傳占卜系列・大展編號 14

1. 手相術	淺野八郎著	180 元
2. 人相術	淺野八郎著	180 元
3. 西洋占星術	淺野八郎著	180 元
4. 中國神奇占卜	淺野八郎著	150 元
5. 夢判斷	淺野八郎著	150 元
6. 前世、來世占卜	淺野八郎著	150 元
7. 法國式血型學	淺野八郎著	150 元
8. 靈感、符咒學	淺野八郎著	150 元
9. 紙牌占卜術	淺野八郎著	150 元
10. ESP 超能力占卜	淺野八郎著	150 元
11. 猶太數的秘術	淺野八郎著	150 元
12. 新心理測驗	淺野八郎著	160 元
13. 塔羅牌預言秘法	淺野八郎著	200 元

・趣味心理講座・大展編號 15

1. 性格測驗（1） 探索男與女	淺野八郎著	140 元
2. 性格測驗（2） 透視人心奧秘	淺野八郎著	140 元
3. 性格測驗（3） 發現陌生的自己	淺野八郎著	140 元
4. 性格測驗（4） 發現你的真面目	淺野八郎著	140 元
5. 性格測驗（5） 讓你們吃驚	淺野八郎著	140 元
6. 性格測驗（6） 洞穿心理盲點	淺野八郎著	140 元
7. 性格測驗（7） 探索對方心理	淺野八郎著	140 元
8. 性格測驗（8） 由吃認識自己	淺野八郎著	160 元
9. 性格測驗（9） 戀愛知多少	淺野八郎著	160 元
10. 性格測驗（10）由裝扮瞭解人心	淺野八郎著	160 元
11. 性格測驗（11）敲開內心玄機	淺野八郎著	140 元
12. 性格測驗（12）透視你的未來	淺野八郎著	160 元
13. 血型與你的一生	淺野八郎著	160 元
14. 趣味推理遊戲	淺野八郎著	160 元
15. 行為語言解析	淺野八郎著	160 元

・婦 幼 天 地・大展編號 16

1. 八萬人減肥成果	黃靜香譯	180 元
2. 三分鐘減肥體操	楊鴻儒譯	150 元
3. 窈窕淑女美髮秘訣	柯素娥譯	130 元
4. 使妳更迷人	成 玉譯	130 元
5. 女性的更年期	官舒妍編譯	160 元

國家圖書館出版品預行編目資料

```
┌─────────────────────────────────────────────────────┐
│ 陳式太極拳五功八法十三勢／闞桂香 門敢紅 著            │
│   ──初版，──臺北市，大展，2003〔民92〕             │
│   面；21公分，──（武術特輯；54）                    │
│   ISBN 957-468-283-8 （平裝）                        │
│ 1.太極拳                                             │
│ 528.972                          93000796           │
└─────────────────────────────────────────────────────┘
```

陳式太極拳五功八法十三勢   ISBN 957-468-283-8

著　　者／闞桂香　門敢紅

責任編輯／趙新華

發 行 人／蔡森明

出 版 者／大展出版社有限公司

社　　址／台北市北投區（石牌）致遠一路 2 段 12 巷 1 號

電　　話／（02）28236031・28236033・28233123

傳　　眞／（02）28272069

郵政劃撥／01669551

網　　址／www.dah-jaan.com.tw

E－mail／dah_jaan@pchome.com.tw

登 記 證／局版臺業字第 2171 號

承 印 者／高星印刷品行

裝　　訂／協億印製廠股份有限公司

排 版 者／弘益電腦排版有限公司

初版 1 刷／2004 年（民 93 年）4 月

定　價／200 元

推理文學經典巨著，中文版正式授權

名偵探明智小五郎與怪盜的挑戰與鬥智
名偵探柯南、金田一都讚嘆不已

日本推理小說鼻祖—江戶川亂步

1894年10月21日出生於日本三重縣名張〈現在的名張市〉。本名平井太郎。
就讀於早稻田大學時就曾經閱讀許多英、美的推理小說。
畢業之後曾經任職於貿易公司，也曾經擔任舊書商、新聞記者等各種工作。
1923年4月，在『新青年』中發表「二錢銅幣」。
筆名江戶川亂步是根據推理小說的始祖艾德嘉‧亞藍波而取的。
後來致力於創作許多推理小說。
1936年配合「少年俱樂部」的要求所寫的『怪盜二十面相』極受人歡迎，
陸續發表『少年偵探團』、『妖怪博士』共26集……等
適合少年、少女閱讀的作品。

1 ～ 3 集　定價300元　試閱特價189元